Die Göttersöhne

Hödur, Wali, Widar, Hofund und Wali Loki-Sohn, Nari, Modi, Magni, Bragi, Forseti und der Sohn des Freyr

Band 19 der Reihe „Die Götter der Germanen"

1

Bücher von Harry Eilenstein:

- Astrologie (496 S.)
- Photo-Astrologie (428 S.)
- Horoskop und Seele (120 S.)
- Tarot (104 S.)
- Handbuch für Zauberlehrlinge (408 S.)
- Physik und Magie (184 S.)
- Der Lebenskraftkörper (230 S.)
- Die Chakren (100 S.)
- Meditation (140 S.)
- Reinkarnation (156 S.)
- Drachenfeuer (124 S.)
- Krafttiere – Tiergöttinnen – Tiertänze (112 S.)
- Schwitzhütten (524 S.)
- Totempfähle (440 S.)
- Muttergöttin und Schamanen (168 S.)
- Göbekli Tepe (472 S.)
- Hathor und Re 1: Götter und Mythen im Alten Ägypten (432 S.)
- Hathor und Re 2: Die altägyptische Religion – Ursprünge, Kult und Magie (396 S.)
- Isis (508 S.)
- Die Entwicklung der indogermanischen Religionen (700 S.)
- Wurzeln und Zweige der indogermanischen Religion (224 S.)
- Der Kessel von Gundestrup (220 S.)
- Der Chiemsee-Kessel (76)
- Cernunnos (690 S.)
- Christus (60 S.)
- Odin (300 S.)
- Die Götter der Germanen (Band 1 – 80)
- Dakini (80 S.)
- Kursus der praktischen Kabbala (150 S.)
- Eltern der Erde (450 S.)
- Blüten des Lebensbaumes 1: Die Struktur des kabbalistischen Lebensbaumes (370 S.)
- Blüten des Lebensbaumes 2: Der kabbalistische Lebensbaum als Forschungshilfsmittel (580 S.)
- Blüten des Lebensbaumes 3: Der kabbalistische Lebensbaum als spirituelle Landkarte (520 S.)
- Über die Freude (100 S.)
- Das Geheimnis des inneren Friedens (252 S.)
- Von innerer Fülle zu äußerem Gedeihen (52 S.)
- Das Beziehungsmandala (52 S.)
- Die Symbolik der Krankheiten (76 S.)

- König Athelstan (104 S.)

Kontakt: www.HarryEilenstein.de / Harry.Eilenstein@web.de
Herstellung und Verlag: BoD - Books on Demand, Norderstedt   **ISBN:** 9783744856492

Die Themen der einzelnen Bände der Reihe „Die Götter der Germanen"

Inhaltsverzeichnis

A Hödur Odin-Sohn

B Widar Odin-Sohn

C   Bragi Odin-Sohn

E   Wali Loki-Sohn

F   Nari und Narfi Loki-Söhne

G   Forseti Baldur-Sohn

H Hofund Baldur-Sohn

I Magni Thor-Sohn

J Modi Thor-Sohn

K Fiölnir Freyr-Sohn

L Der Sohn des Freyr

A Hödur Odin-Sohn

I Hödur in der germanischen Überlieferung

Hödur ist eine der Gottheiten, die in den Mythen nur eine einzige Funktion haben wie z.B. auch die Götter Wali, Bragi und Hermod oder die Göttinnen Eir, Nanna und Ran.

1. Der Name „Hödur"

Der Name dieses Gottes leitet sich von dem Substantiv „had" für „Kampf, Schlacht" ab. „Hödur" bedeutet somit „Kämpfer" – was ein recht merkwürdiger Name für einen blinden Gott ist.

Hödur wird daher wohl nicht schon immer ein blinder Gott gewesen sein. Vielleicht war er nur zeitweise blind oder unter bestimmten Umständen. Dazu würde z.B. die Symbolik von Odins blindem Auge passen, da Odin dadurch, daß er dieses Auge geopfert hat, nun auch im Jenseits sehen kann – mit dem „toten" Auge kann man im Reich der Toten sehen. Diese Symbolik würde am ehesten zu einem Priester- und Schamanengott wie Odin oder Hönir passen.

2. Der Ase Hödur

1. a) Asen-Heitis

Hödur findet sich als einer der Asen auch in einer Aufzählung der Namen der Asen, deren Verfasser unbekannt ist:

Ich werde euch
die Asen-Heitis sagen:
Dies sind Yggr und Thor
und Yngvi-Freyr,
Vidar und Baldur,

Vali und Heimdall,
das sind Tyr und Njörd,
weiterhin Bragi,
Hödur, Forseti,
und schließlich ist da noch Loki.

2. b)   Gylfis Vision

Hödur heißt einer der Asen. Er ist blind, aber sehr stark, und die Götter möchten wohl wünschen, daß sie seinen Namen nicht nennen müßten, denn nur allzu lange wird seiner Hände Werk Göttern und Menschen im Gedächtnis bleiben.

Die „Stärke" des Hödur entspricht seinem Namen, der „Kämpfer" bedeutet.

3.   Der Sohn des Odin

3. a)   Nafna-Thulur

In den Namenslisten am Ende der Skaldskaparmal werden die Söhne des Odin aufgezählt. Diese Liste beginnt damit, daß Burri als Vater des Odin genannt wird.

Odins Söhne:

Burri erzeugte Odin;
Baldur und Meili,
Widar und Nepr,
Vali, Ali,
Thor und Hildolfr
Hermodr, Sigi,
Skjöldr, Yngvi-Freyr
und Itreksjod,
Heimdallr, Saemingr;
Hödr und Bragi.

4. Der Mörder des Baldur

4. a) Die Vision der Seherin

Hödurs einzige Funktion in den überlieferten Mythen ist es, seinen Halbbruder Baldur durch eine List des Loki ungewollt zu töten, wodurch dann schließlich der Ragnarök begann. Dieser „lange Winter" ist die Umdeutung des ständigen Wechsels von Tag und Nacht sowie von Sommer und Winter zu einem einmaligen Ereignis, dem Fimbulwinter („gewaltiger Winter").

Die Mistel als „Tatwaffe" ist als immergrüne Pflanze vermutlich ursprünglich ein Symbol dafür gewesen, daß es nach der Nacht einen neuen Morgen, nach dem Winter einen neuen Sommer und nach dem Tod eine Wiedergeburt geben wird.

Ich sah dem Baldur, dem blutenden Gott,
dem Sohn des Odin, sein Schicksal bestimmt:
Berühmt und schön stand hoch über den Wiesen
zu voller Kraft herangewachsen, der Mistelzweig.

Aus dem Zweig, der so schlank und schön schien,
wurde ein schädlicher Stab, den Hödur schießen sollte;
aber schon nach kurzem wurde Baldurs Bruder geboren
und als er eine Nacht alt war, kämpfte Odins Sohn.

Seine Hände wusch er nicht, seine Haare kämmte er nicht,
bis er Baldurs Feind zum Todesfeuer trug.
Doch in Fensalir weinte Frigg bitterlich
um Walhalls Verlust – wollt ihr noch mehr wissen?

„Baldurs Bruder" ist der Odin-Sohn Wali, der im Alter von einer Nacht schon seinen Halbbruder rächte. Diese kurze Zeitspanne erklärt sich daraus, daß Wali ursprünglich der Sonnengott-Göttervater Tyr gewesen ist, der am Abend stirbt und am Morgen wiedergeboren wird. Hödur ist der „abendliche Mörder" des Göttervaters – er hat also die Funktion des Loki in den alten, Tyr-zentrierten Mythen vor 500 n.Chr. übernommen.

Baldur ist die Verkörperung des Schönen, Guten und Richtigen. In den Mythen der Indogermanen findet sich des öfteren ein solcher Gott, von denen der griechische Apollon der bekannteste sein wird. Er ist aus einer Verselbständigung des Aspektes des Richtigkeit-Erhalters des Sonnengott-Göttervaters entstanden.

Da der Tod und die Wiedergeburt des Göttervaters und allgemein die Wiedergeburt der Toten dem Sonnenuntergang bzw. dem Sonnenaufgang gleichgesetzt wurden, hat dieser „Gott der Richtigkeit und der Schönheit" oft auch Charakterzüge eines Sonnengottes – insbesondere den zyklischen Tod.

In diesem Zusammenhang ist Hödur das, was dem Guten, dem Schönen und der Richtigkeit ein Ende bereitet: die Nacht, der Winter und das Chaos.

4. b)   Gylfis Vision

Am ausführlichsten werden der Tod des Baldur und die Ereignisse, die dazu führten, in „Gylfis Vision" berichtet:

Da frug Gangleri: „Haben sich noch andere Abenteuer mit den Asen ereignet? Eine gewaltige Heldentat hat Thor auf dieser Fahrt verrichtet."

Har antwortete: „Es mag noch von Abenteuern berichtet werden, die den Asen bedeutender scheinen.

Und das ist der Anfang dieser Sage, daß Baldur, der gute, schwere Träume träumte, die seinem Leben Gefahr deuteten. Und als er den Asen seine Träume sagte, pflogen sie Rat zusammen und beschlossen, dem Baldur Sicherheit vor allen Gefahren auszuwirken.

Da nahm Frigg Eide von Feuer und Wasser, Eisen und allen Erzen, Steinen und Erden, von Bäumen, Krankheiten und Giften, dazu von allen vierfüßigen Tieren, Vögeln und Würmern, daß sie Baldurs schonen wollten.

Als das geschehen und allen bekannt war, da kurzweilten die Asen mit Baldur, daß er sich mitten in den Kreis stellte und einige nach ihm schossen, andere nach ihm hieben und noch andere mit Steinen warfen. Und was sie auch taten, es schadete ihm nicht; das dünkte sie alle ein großer Vorteil.

Aber als Loki, Laufeyjas Sohn, das sah, da gefiel es ihm übel, daß den Baldur nichts verletzen sollte. Da ging er zu Frigg nach Fensal in Gestalt eines alten Weibes.

Da frug Frigg die Frau, ob sie wüßte, was die Asen in ihrer Versammlung vornähmen.

Die Frau antwortete, daß sie alle nach Baldur schießen würde, aber ihm nichts schade.

Da sprach Frigg: „Weder Waffen noch Bäume mögen Baldur schaden: ich habe von allen Eide genommen."

Da frug das Weib: „Haben alle Dinge Eide geschworen, Baldurs zu schonen?"

Frigg antwortete: „Östlich von Walhall wächst eine Staude, Mistel genannt, die schien mir zu jung, sie in Eid zu nehmen."

Darauf ging die Frau fort; Loki nahm den Mistelzweig, riß ihn aus und ging zur

Versammlung. Hödur stand zuäußerst im Kreise der Männer, denn er war blind.

Da sprach Loki zu ihm: „Warum schießt Du nicht nach Baldur?"

Er antwortete: „Weil ich nicht sehe, wo Baldur steht; zum anderen habe ich auch keine Waffe."

Da sprach Loki: „Tu doch wie andere Männer und biete Baldur Ehre wie alle tun. Ich will Dich dahin weisen wo er steht: so schieße nach ihm mit diesem Reis."

Hödur nahm den Mistelzweig und schoß nach Baldur nach Lokis Anweisung. Der Schuß flog und durchbohrte ihn, daß er tot zur Erde fiel, und das war das größte Unglück, das Menschen und Götter betraf.

Als Baldur gefallen war, standen die Asen alle wie sprachlos und gedachten nicht einmal, ihn aufzuheben. Einer sah den anderen an; ihr aller Gedanke war wider den gerichtet, der diese Tat vollbracht hatte; aber sie durften es nicht rächen: es war an einer heiligen Freistätte.

Als aber die Asen die Sprache wieder erlangten, da war das erste, daß sie so heftig zu weinen anfingen, daß keiner mit Worten dem anderen seinen Gram sagen mochte. Und Odin nahm sich den Schaden um so mehr zu Herzen, da niemand so gut wußte wie er, zu wie großem Verlust und Verfall den Asen Baldurs Ende gereichte.

Als nun die Asen sich erholt hatten, da sprach Frigg und frug, wer unter den Asen ihre Gunst und Huld gewinnen und den Helweg reiten wolle, um zu versuchen ob er da Baldur fände, und der Hel Lösegeld zu bieten, daß sie Baldur heimfahren ließe gen Asgard.

4. c) Wegtam-Lied

Wegtam (Odin):
„Schweig nicht, Wala, ich will Dich fragen
Bis ich alles weiß. Noch wüßt ich gerne:
Wer wird uns Rache gewinnen an Hödur,
Und zum Bühle bringen Baldurs Mörder?"

Wala (Jenseitsgöttin):
„Rinda wird Wali in den Hallen des Westens gebären;
dieser Odins-Sohn wird töten, wenn er eine Nacht alt ist.
Er wäscht nicht die Hand, er kämmt nicht das Haar
Bis er Baldurs Mörder zum Bühle brachte.
Genötigt sprach ich, nun will ich schweigen."

Odins Sohn Wali rächt seinen Bruder Baldur, indem er Hödur tötet.

4. d) Gylfis Vision

Snorri Sturluson berichtet auch, was nach dem Ragnarök geschieht, der mit Baldurs Tod beginnt:

Da sprach Gangleri: „Leben denn dann noch Götter und gibt es noch eine Erde oder einen Himmel?"
Har antwortete: „Die Erde taucht aus der See auf, grün und schön, und Korn wächst darauf ungesät.
Widar und Wali leben noch, weder die See noch Surturs Lohe hatte ihnen geschadet. Sie wohnen auf dem Idafeld, wo zuvor Asgard war. Auch Thors Söhne, Modi und Magni, stellen sich ein und bringen den Miölnir mit. Danach kommen Baldur und Hödur aus dem Reiche Hels: da sitzen sie alle beisammen und besprechen sich und gedenken ihrer Heimlichkeiten, und sprechen von Dingen, die vordem sich ereignet, von der Midgardschlange und dem Fenriswolf."

Entsprechend der ursprünglichen zyklischen Mythe, die aus dem Gleichnis zwischen dem Sonnenlauf und dem Leben der Menschen entstanden ist, werden sowohl Baldur als auch Hödur wiedergeboren – denn sonst gäbe es nicht mehr Tag und Nacht und auch nicht mehr Sommer und Winter. Auch Widar, Wali, Modi und Magni sind Göttersöhne und entsprechen somit dieser Symbolik.

4. e) Die Vision der Seherin

Die Rückkehr des Baldur und des Hödur wird auch in „Die Vision der Seherin" berichtet, die vermutlich das älteste der Lieder in der Edda ist.

Da werden unbesät die Äcker tragen,
Alles Böse bessert sich, Baldur kehrt wieder.
In Heervaters Himmel wohnen Hödur und Baldur,
Die walweisen Götter. Wißt ihr, was das bedeutet?

4. f) Skaldskaparmal

„Wie soll man Hödur umschreiben?"
„So: Indem man ihn den blinden Gott nennt, Baldurs Mörder, Schütze der Mistel,

Sohn des Odin, Genosse der Hel, Feind des Wali. "

Diese Namen ergeben sich, von einer Ausnahme abgesehen, schon aus den bisherigen Texten und Betrachtungen.

Hödur ist zunächst einmal ein Genosse der Hel, weil er von Wali getötet wurde und daher anschließend in der Unterwelt war. Es ist jedoch auffällig, daß er mit dieser Kenning umschrieben werden kann, da jeder Tote so genannt werden könnte und diese Formulierung daher eigentlich nicht besonders spezifisch ist. Wenn man jedoch bedenkt, daß Hödur der Gott der Nacht und des Winters gewesen ist und das Jenseits beidem gleichgesetzt wurde, dann ist der Nacht/Winter-Gott Hödur der Unterwelt-Riesin Hel sehr nah verwandt: Aus dieser Perspektive her gesehen ist die Umschreibung des Hödur als *„Genosse der Hel"* doch ausreichend präzise.

Der Charakters des Hödur ist nah mit dem Reich der Riesen in Utgard verwandt, da die Riesen die „Ahnen der Götter" sind und ihr „Land jenseits des großen Wassers" das Jenseits ist. Daher kann man mit einiger Berechtigung eine Riesin wie z.B. Jörd oder Grid, mit denen Odin den Thor und den Widar gezeugt, hat als Hödurs Mutter vermuten.

Baldur und Hödur scheinen die Nachfolger von Tyr und Loki aus den älteren Mythen zu sein, deren Mittelpunkt noch Tyr und noch nicht Odin gewesen ist.

4. g)   Die Schädel-Inschrift von Ribe

Um ca. 800 n.Chr. wurde in Ribe im Südwesten von Dänemark in einen menschlichen Schädel eine Runen-Inschrift graviert, die ein Heilungs-Zauberspruch ist.

Die Verwendung eines Bruchstückes eines Menschenschädels für diese Inschrift ist sicherlich im Zusammenhang mit dem Schädelkult zu sehen, der sich am deutlichsten in Mimirs sprechendem Haupt und in der Verwendung von Schädelschalen im Kult zeigt. Durch beides sollte eine Verbindung zu den Ahnen hergestellt und ihr Segen herbeigerufen werden.

Es ist beachtenswert, daß das Schädelstück ein Loch aufweist, durch das es an einem Band als Amulett getragen werden konnte (unten in der Mitte).

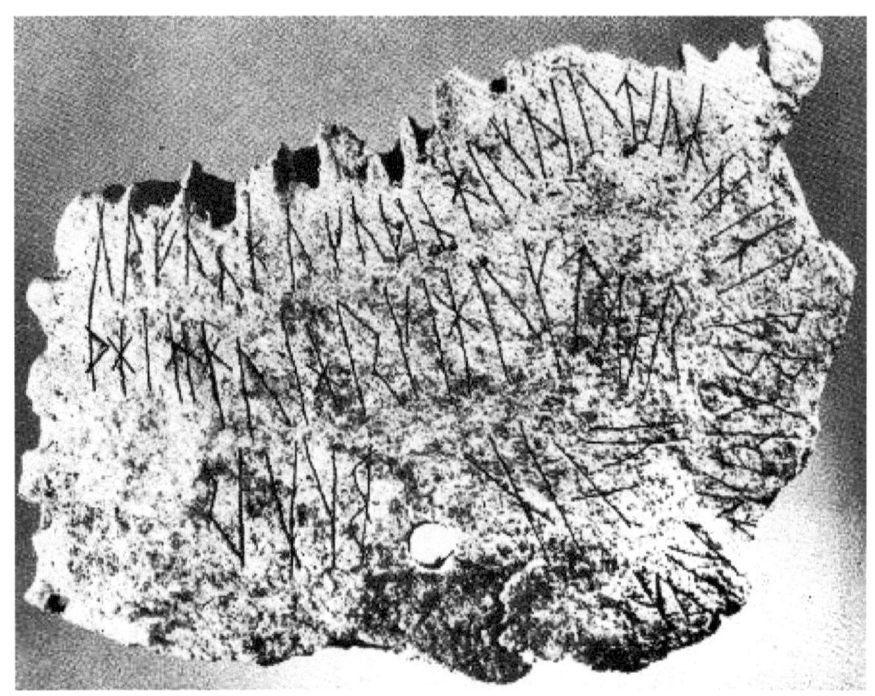

menschliches Schädelfragment mit Runen-Inschrift aus Ribe in Dänemark

Die Inschrift auf diesem Schädel-Bruchstück lautet wie folgt:

Die Inschrift auf dem Schädel von Ribe		
Runen	*Bedeutung*	*Übersetzung*
ulfuR	(Bei-)Name eines Gottes, der sich von der Wurzel „ulfr" für „Wolf" ableitet; dies ist in den neueren Mythen um 800 n.Chr. vermutlich Loki als Vater des Fenris-Wolfes	Loki und Odin und Hödur,
auk	und	
uþin	Odin	
auk	und	
hutiuR /	Huitiur; wahrscheinlich Hödur	
hialb	hilft (Verb im Singular: die drei Götter werden wohl als Dreiheit aufgefaßt)	helft Buris

18

buris /	Buris („Sohn" ?)		
uiþR //	gegen		gegen
þaima	diese		diese Schmerzen und Zwergenschläge!
uiarki	Schmerz		
auk	und		
tuiR /	Zwerg	„Zwergenschlag" (dieses Wort ist evtl. der Vorläufer von „Hexenschuß")	
kuniu	Schlag		
durchgebohrtes Loch in dem Schädelfragment			
buur	Buur („Unterschrift" des Runen-Meisters; die Bedeutung des Namens ist unbekannt)		Buur.

Die Übersetzung lautet also: *„Loki und Odin und Hödur, helft Buris gegen diese Schmerzen und Zwergenschlag! Buur."*

In diesem Zauberspruch steht Hödur an der Stelle, an der man eigentlich den Priester-Gott Hönir erwarten könnte. Er wäre als Gott der Priester, Heiler und Schamanen auch derjenige, dessen Hilfe man wohl am ehesten anrufen würde.

Eine Dreiheit von Göttern ist mit großer Wahrscheinlichkeit Woden (Odin), Wili (Loki/Lodur) und We (Hönir), da diese sehr häufig als Wanderer in der germanischen Überlieferung auftreten und u.a. die drei Stände verkörpern: Odin die Fürsten und Krieger, Loki die Bauern und Handwerker sowie Hönir die Priester und Heiler.

„Odin" läßt sich in dem Zauberspruch sicher identifizieren. „Wolfsgott" im Sinne von „Vater des Wolfes" ist auch in der Edda eine geläufige Umschreibung des Loki. Somit wäre als dritter Gott Hönir zu erwarten.

Wenn an dessen Stelle jedoch ein Name erscheint, der recht deutlich nach einer Vorform von „Hödur" klingt, dann stellt sich die Frage, ob Hödur und Hönir evtl. einmal derselbe Gott gewesen sind.

Die Blindheit des Hödur würde zu einem Seher passen, da das Sehen der Ahnen und der Götter ein zentraler Aspekt der Tätigkeit der (indo-)germanischen Priester gewesen ist. Das Töten des Baldur könnte als Umdeutung der Opfertätigkeit oder der Begleitung der Totenseelen ins Jenseits entstanden sein – aber das ist eine ziemlich unsichere Hypothese.

Hödur scheint diesem Zauberspruch zufolge zu den Heilungsgöttern gerechnet worden zu sein – aber auch das ist unsicher.

4. h)   Gesta danorum

Um 1.185 n.Chr. wurde der Mönch Saxo von seinem Bischof damit beauftragt, eine Geschichte Dänemarks zu schreiben. Sein Beiname „grammaticus" bedeutet, daß er des Schreibens mächtig war.

Der Titel der daraufhin von dem Mönch verfaßten mehrbändigen Schrift lautet „Gesta danorum" („Geschichte der Dänen").

Im dritten Band erscheint Baldur (Balder) als Gott, Hödur (Hother) und Nanna jedoch als Menschen. Aus der Götter-Mythe ist in der Gesta danorum eine Heldensage geworden.

Die Auffassung der heidnischen Götter als Könige und Helden früherer Zeiten war um 1200 n.Chr. in Nordeuropa weit verbreitet.

Nachdem Hiarthuar gestorben war, wurde Hother, den ich bereits oben erwähnt habe, der der Bruder des Athisl und außerdem der Ziehbruder des Königs Gwear war, König beider Reiche. Es wird einfacher sein, seine Zeit zu beschreiben, wenn ich am Anfang seines Lebens beginne. Denn wenn die frühen Jahre seines Schicksals nicht dem Schweigen verdammt werden, können die späteren ausführlicher und besser berichtet werden.

Als Helgi Hodbrodd getötet hatte, verbrachte sein Sohn Hother seine ganze Kindheit unter der Obhut König Gwears. Als er noch ein unerfahrener Jüngling war, übertraf er an Körperkraft all seine Ziehbrüder und die Gleichaltrigen, die mit ihnen waren. Er war sehr geschickt im Schwimmen und Bogenschießen und ebenso mit den Handschuhen (Boxen); und er war beweglich wie ein solcher Jüngling nur sein konnte und sein Übung in diesen Dingen war genauso groß wie seine Kraft. Obwohl er noch nicht zu seinen vollen Jahren gekommen war, übertraf sein reichbegabter Geist alle anderen.

Niemand war geschickter auf der Leier oder der Harfe; und er konnte sehr gut mit dem Tamburin, der Flöte und jedem Saiteninstrument umgehen. Mit dem Wechsel der Tonarten konnte er die Gefühle der Menschen in die Leidenschaften führen, in er sie bringen wollte; er wußte, wie man die Herzen der Menschen mit Freude oder Trauer erfüllte, mit Mitleid oder mit Haß und er hüllte die Seelen seiner Zuhörer oft in den Schrecken und das Entzücken des Ohres.

Alle diese Vollkommenheiten des Jünglings gefielen Nanna, der Tochter des Königs Gwear, sehr und sie begann seine Umarmungen zu suchen. Denn der Heldenmut eines Jünglings entflammt oft eine Jungfrau und der Mut von denen, die kein so gutes Aussehen haben, macht sie dennoch akzeptabel. Denn die Liebe hat viele Wege; der Pfad der Lust wird für manche durch Anmut geöffnet, für andere durch eine mutige Seele und für wieder andere durch vollendete Fertigkeiten. Höflichkeit bringt einigen den Segen der Liebe, aber den meisten öffnet sich die Liebe durch das Strahlen der

Schönheit. Und die Tapferen verursachen auch keine geringeren Wunden bei den Jungfrauen als die Gutaussehenden.

Nun geschah es, daß Balder, der Sohn des Odin, beim Anblick der badenden Nanna in Unruhe geriet und von unbändiger Liebe zu ihr ergriffen wurde. Er wurde entzündet von ihrem schönen und scheinenden Körper und sein Herz entbrannte beim Anblick ihrer ihm geoffenbarten Schönheit. Daher beschloß er, Hother mit dem Schwert zu erschlagen, der, wie Baldur fürchtete, sicherlich seine Wünsche behindern würde, damit seine Liebe, die keinen Aufschub duldete, nicht durch irgendein Hindernis an der Erfüllung seiner Begierde gehindert würde.

Um diese Zeit herum geschah es, daß Hother, als er auf Jagd war, von einem Nebel in die Irre geführt wurde und zu einer Hütte gelangte, in der Waldjungfrauen lebten; und als sie ihn mit seinem Namen begrüßten, frug er, wer sie seien. Sie erklärten ihm, daß es vor allem ihre Führung und Herrschaft war, die das Kriegsglück entschied. Denn sie nahmen oft unsichtbar an den Schlachten teil und gewannen für ihre Freunde die begehrten Siege. Sie offenbarten ihm, daß sie wirklich Siege schenken und Niederlagen verhängen konnten wie sie wollten; und weiterhin erzählten sie ihm, wie Balder seine Ziehschwester Nanna gesehen hatte, als sie badete und in Leidenschaft für sie entzündet worden war; aber rieten Hother, ihn nicht im Krieg anzugreifen, auch wenn er seinen tödlichsten Haß verdiente, denn sie verkündeten ihm, daß Baldur ein Halbgott war, der im Geheimen aus göttlichem Samen entsprungen war.

Als Hother dies gehört hatte, löste sich der Ort auf und ließ ihn ohne Hütte um ihn herum zurück. Er fand sich im Freien stehend wieder, mitten in den Feldern ohne irgendeinen Überrest eines Schattens. Am meisten wunderte er sich über das schnelle Verschwinden der Jungfrauen, die Veränderung des Ortes und die trügerische Erscheinung des Gebäudes. Denn er wußte nicht, daß alles, was um ihn her geschehen war, nur ein Spott und ein Werk magischer Künste gewesen war.

Als er heimkehrte, berichtete er König Gwear das Täuschungswerk, das er nach seiner Verirrung gesehen hatte, und bat ihn geradeheraus um die Hand seiner Tochter. Gwear antwortete ihm, daß er ihn von Herzen gern bevorzugen würde, aber daß er fürchte, daß er, wenn er Balder zurückweisen würde, seinen Zorn entflammen würde; denn Balder habe, sagte Gewar, ihn ebenfalls um seine Tochter gebeten. Und Gwear sagte, daß die geheime Stärke von Baldurs Körper ihn sogar vor Stahl schütze. Aber er ergänzte, daß er ein Schwert kenne, daß ihm den Tod bringen könne, das aber so gut wie nur möglich bewacht würde. Dieses Schwert befand sich im Besitz des Miming, eines Satyrs aus den Wäldern, der auch einen Armreif besaß, der die geheime, magische Gabe besaß, den Wohlstand seines Besitzers zu mehren.

Außerdem waren die Pfade zu dieser Gegend unwegsam und voller Hindernisse und daher für sterbliche Menschen nur schwer zu begehen. Der größte Teil des Weges war ständig von außergewöhnlicher Kälte umgeben. Daher riet er ihm, ein Rentier-Gespann zu benutzen, durch dessen große Geschwindigkeit er die hartgefrorenen

Berge schnell überwinden könne. Und wenn er dann schließlich an den Ort komme, solle er sein Zelt solcherart fern von der Sonne aufschlagen, daß der Schatten der Höhle, in der Miming lebte, auf das Zelt fallen würde. Aber er solle auf keinen Fall den Schatten seines Zeltes auf Miming fallen lassen, damit keine ungewohnte Dunkelheit auf den Eingang falle und den Satyr am Herauskommen hindere.

So würde er sowohl den Armreif als auch das Schwert in seine Hände bekommen. Das eine würde ihm Gedeihen des Wohlstandes bringen und das andere Glück im Krieg – beide würden somit ihrem Besitzer einen großen Schatz verschaffen.

So sprach Gwear und Hother zögerte nicht, diese Anweisungen auszuführen. Nachdem er sein Zelt in der eben beschrieben Weise errichtet hatte, verbrachte er die Nächte mit gespanntem Warten und die Tage mit Jagen. Aber zu beiden Zeiten blieb er sehr wach und ohne Schlaf – er verbrachte die Zeiten des Tages und Nacht solcherart, daß er in der einen gespannt auf das lauerte, was geschah, und in der andern Nahrung für seinen Körper beschaffte.

Einmal, als er die ganze Nacht über wachte und seine Sinne durch die viele Anspannung schläfrig und dämmerig geworden waren, warf der Satyr einen Schatten auf sein Zelt. Er zielte mit dem Speer auf ihn und warf ihn mit dem Wurf zu Boden. Dann ergriff und fesselte er ihn, sodaß er nicht fliehen konnte. Dann drohte er ihm mit fürchterlichen Worten das schlimmste an und verlange von ihm das Schwert und den Armreif. Der Satyr zögerte nicht, ihm das Lösegeld für sein Leben zu zahlen, das von ihm verlangt wurde, denn allen ist ihr Leben mehr wert als ihr Reichtum – nichts wird von den Sterblichen höher geschätzt als der Atem ihres eigenen Lebens. Hother frohlockte über den Schatz, den er errungen hatte und zog wieder heim mit seinen Kostbarkeiten, die zwar nur wenige waren, aber dafür edle.

Als Gelder, der König der Sachsen, hörte, daß Hother diese Dinge erlangt hatte, drängte er seine Krieger dazu, auszuziehen und diese herrliche Beute zu rauben – und die Krieger machten gemäß dem Befehl ihres Königs eilends eine Flotte bereit zum Auslaufen. Gwear, der sehr bewandert in der Wahrsagung und sehr erfahren im Deuten von Omen war, sah dies voraus. Daher rief er Hother zu sich und riet ihm, daß er, wenn Gelder den Kampf mit ihm eröffnete, dessen Speere mit Geduld abwarten und sich seine eigenen Geschosse aufsparen solle bis die des Gegners erschöpft waren. Außerdem solle er die gebogenen Sichel-Schwerter mitnehmen, mit denen die Schiffe eingeschlagen werden konnten und mit denen auch die Helme und Schilde von den Kriegern gerissen werden konnten.

Hother folgte diesen Ratschlägen und sah, daß sie gute Früchte trugen. Denn als Gelder mit seinem Angriff begann, befahl er seinen Männern, stehen zu bleiben und ihren Körper mit ihren Schilden zu schützen. Er versicherte ihnen, daß der Sieg mit Geduld errungen werden mußte. Die Feinde sparten sich jedoch nirgends ihre Speere auf und verschossen sie alle in ihrer großen Kampfeswut. Um so geduldiger sie Hother ihre Speere und Wurfspieße empfangen sahen, um so wütender begannen sie

sie gegen ihn zu werfen. Einige von ihnen steckten in den Schilden und andere in den Schiffen, aber sie verursachten nur wenige Wunden. Man konnte sehen, daß viele von ihnen ohne Mühe abgewehrt wurden und keinen Schaden anrichteten. Denn die Krieger folgten dem Befehl ihres Königs und wehrten den Angriff mit den Speeren durch ein Schutzdach von sich überlappenden Schilden ab und nicht wenige der Speere schlugen nur leicht gegen die Schildbuckel und fielen in die Wogen.

Als Gelder seinen ganzen Vorrat an Speeren erschöpft hatte und sah, daß seine Feinde die, die er zu ihnen hinübergeworfen hatte, aufsammelten und sie nun geschwind zu ihm zurückwarfen, bedeckte er die Spitze seines Mastes mit einem blutroten Schild als Zeichen des Friedens und der Unterwerfung, um sein Leben zu retten. Hother empfing ihn mit dem freundlichsten Gesicht und gütigen Worten, durch die er seinen Gegner genauso sicher unterwarf wie vorher durch sein Kampfgeschick.

Zu dieser Zeit sandte Helgi, der König von Halogaland (Nord-Norwegen), immer wieder Boten zu Kuse, dem König von Finnland und Permland (Königreich südöstlich von Moskau), um um die Hand seiner Tochter Thora anzuhalten. Wie auch hier kann Schwäche immer daran erkannt werden, daß nach Hilfe von anderen gesucht wird. Denn während in dieser Zeit alle anderen jungen Männer mit ihren eigenen Lippen nach einer Heirat suchten, war dieser Mann mit einem solchen Sprachfehler geschlagen, daß er sich schämte, von Fremden gehört zu werden und nur mit den Menschen in seinem eigenen Haus sprach. Eine Behinderung scheut Zeugen, denn körperliche Behinderungen irritieren um so mehr, je größer sie sind.

Kuse wies seine Anfragen zurück und antwortete, daß ein Mann keine Frau verdient, der nicht in seine Mannheit vertraut und statt dessen die Hilfe anderer sucht, die sein Anliegen verfolgen. Als Helgi dies hörte, bat er Hother, von dem er wußte, daß er ein vollendeter Redner war, sich für sein Verlangen einzusetzen und versprach ihm für die Erfüllung seines Wunsches alles, was er von ihm verlangte. Die flehentlichen Bitten des Jünglings bewegten Hother schließlich und er zog mit einer bewaffneten Flotte nach Norwegen, um das, was er mit Worten nicht erreichen konnte, mit Waffen zu erlangen.

Als er mit den süßesten Reden für Helgi geworben hatte, bestand Kuse darauf, daß der Wunsch seiner Tochter berücksichtigt werden müsse, damit nicht sein väterlicher Wille etwas gegen ihre Absichten bestimmen würde. Er rief sie zu sich und frug sie, ob sie eine Zuneigung für ihren Freier empfinden würde. Als sie zustimmte, versprach er Helgi ihre Hand. Auf diese Weise öffnete Hother durch seine gut abgestimmten Reden die Ohren des Königs Kuse, die vorher für die Bitten, die ihm vorgetragen worden waren, taub gewesen war.

Während sich dies in Halogaland ereignete, zog Balder bewaffnet nach Gwears Königreich, um Nanna zu erlangen. Gwear bat ihn, Nannas eigene Wünsche kennenzulernen. Da näherte er sich der Jungfrau mit sehr auserwählten und schmeichelhaften Worten und als er keine Gehör für seine Bitten finden konnte, frug er nach dem

Grund für ihre Ablehnung.

Sie antwortete, daß ein Gott sich nicht mit einer Sterblichen verbinden könne, denn der große Unterschied in ihrem Wesen würde eine Vereinigung verhindern. Weiterhin würden die Götter manchmal ihre Versprechen nicht halten; zudem würden die Verträge zwischen Ungleichen oft plötzlich zerbrechen. Es könne keine feste Bindung zwischen solchen von verschiedenem Stand geben; denn neben den Großen steht das Schicksal der Kleinen immer im Schatten. Auch würden Mangel und Fülle in verschiedenen Zelten wohnen und es gäbe auch keine feste Verbindung zwischen traumhaftem Reichtum und offenkundiger Armut. Die Dinge der Erde und die Dinge des Himmels können sich aufgrund des von Anbeginn bestehenden großen Abgrundes zwischen ihnen nicht miteinander vereinen – denn unendlichweit seien die sterblichen Menschen von dem Glanz der himmlischen Majestät entfernt.

Mit dieser ausweichenden Antwort wies sie Baldurs Antrag ab und webte geschickte Ausreden, um seine Hand nicht ergreifen zu müssen.

Als Hother dies von König Gwear hörte, beklagte er sich lange bei Helgi über Balders Unverschämtheit. Beide wußten nicht, was sie tun sollten, und zerbrachen sich ihr Hirne über verschiedenen Plänen, denn das Gespräch mit einem Freund an einem Tag der Sorgen läßt das Herz weniger krank sein, auch wenn dadurch die Gefahren nicht beseitigt werden können. Unter all den Sehnsüchten ihrer Seelen setzte sich schließlich die Leidenschaft des Kampfes durch und es wurde eine Seeschlacht mit Balder ausgefochten.

Man sollte es für einen Kampf der Menschen mit den Göttern halten, da Odin und Thor und das ganze Heilige Heer der Götter für Balder kämpfte. Dort konnte man einen Kampf beobachten, in dem sich menschliche und göttliche Macht miteinander vermischten. Aber Hother war in seine stahlabweisende Rüstung gekleidet und griff die dichtesten Gruppen der Götter an. Er bedrängte sie so hart wie ein Sohn der Erde nur die Mächte des Himmels bedrängen konnte. Thor schwang jedoch seine Keule mit unvorstellbarer Macht und zerschlug alle Schilde, die sich ihm entgegenstellten, und rief genausolaut seinen Feinden entgegen, daß sie ihn angreifen sollten, wie seinen Freunden, daß sie ihm Rückendeckung geben sollten.

Keine einzige Art der Rüstung widerstand seinem Angriff und niemand, der von ihm einen Schlag erhielt, überlebte. Was auch immer seinen Schlag abwehrte, zerbrach; weder Schild noch Helm konnte die Wucht seines Schlages aushalten; weder Körpergröße noch Kraft half. Deshalb hätten die Götter den Sieg erlangt, wenn nicht Hother, dessen Reihen bereits zurückgefallen waren, nicht vorgesprungen wäre und Thors Keule am Griff abgeschlagen und dadurch nutzlos gemacht hätte. Als die Götter diese Waffe verloren hatten, flohen sie kopflos davon.

Es widerspricht dem allgemeinen Glauben, daß sich die Menschen gegen die Götter durchsetzen können – auch all die alten Geschichten beschwören, daß die Götter die Mächtigeren sind. (Wir nennen sie in einer abergläubischen, aber nicht in einer realen Weise Götter, denn wir haben sie nur deshalb Götter genannt, weil dies der Brauch der Völker ist und nicht, weil dies ihre wahre Natur ist.)

Balder floh und konnte sich retten. Die Verfolger zerhackten seine Schiffe oder versenkten sie im Meer. Sie waren nicht damit zufrieden, die Götter besiegt zu haben, sondern verfolgten die Reste der Flotte mit solch einer Wut, als ob sie sie zerstören wollten, um ihre tödliche Leidenschaft für den Krieg zu befriedigen. Oft verschärft der Erfolg die Schneide des Erlaubten. Der Hafen, der durch seinen Namen an Balders Flucht erinnert, ist Zeuge dieses Krieges.

Gelder, der König der Sachsen, der in demselben Krieg sein Ende fand, wurde von Hother auf die Leichen seiner Ruderer gelegt, und dann auf einen Scheiterhaufen, der aus Schiffen aufgeschichtet worden war, gebettet. Er wurde von Hother bei seiner Bestattung königlich geehrt, der seine Asche nicht nur in einen edlen Grabhügel legte und sie wie die Überreste eines Königs behandelte, sondern ihm auch mit der ehrfürchtigsten Totenfeier die Ehre erwies.

Dann kehrte er zu König Gwear zurück um jede weiteren Störungen zu vermeiden und erfreute sich der begehrten Umarmungen der Nanna. Nachdem er Helgi und Thora sehr großzügig mit Geschenken bedacht hatte, kehrte mit seiner neuen Königin zurück nach Schweden. Er wurde genausoviel für seinen Sieg geehrt wie über Baldur wegen seiner Flucht gelacht wurde.

Zu dieser Zeit gingen die Edlen der Schweden nach Dänemark, um dort ihren Tribut anzuliefern. Hother, der von seinen Landsleuten wegen den edlen Taten seines Vaters zu ihrem König gewählt worden war, erlebte jedoch, was für ein lügnerischer Zuhälter doch das Glück ist, denn er wurde auf einem Schlachtfeld von Balder besiegt, den er noch kurz zuvor vernichtet hatte. Daher mußte er zu Gwear fliehen und erlitt eine Niederlage als König, während er noch kurz zuvor einen Sieg als normaler Mann errungen hatte.

Der siegreiche Balder stach tief in die Erde und ließ mehrere neue Quellen entstehen, damit seine Männer, die wegen der Trockenheit in dieser Zeit großen Durst litten, ihren Durst stillen konnten. Die durstigen Reihen der Männer machten sich mit weitoffenstehenden Lippen über das Wasser her, das hierhin und dorthin floß. Man sagt, daß die damaligen Quellen, die durch ihren Namen unsterblich geworden sind („Baldur-Quellen"), auch heute noch nicht versiegt sind, auch wenn sie nicht so üppig fließen wie in jenen alten Zeiten.

Balder wurde ständig von nächtlichen Gestalten geplagt, die die Gestalt der Nanna annahmen. Seine Gesundheit wurde dadurch so schwach, daß er nicht mehr gehen konnte und deshalb auf seinen Reisen einen zweispännigen Pferdewagen oder einen vierrädrigen Wagen benutzen mußte – so groß war die Liebe, die sein Herz ausgelaugt hatte und ihn beinahe an den Rand des Abgrundes getrieben hatte. Er sann darüber nach, daß sein Sieg ihm nichts genützt haben würde, wenn nicht Nanna der Siegespreis dafür sei.

... ...

Während Hother in Schweden weilte, kam Balder mit einer Flotte nach Seeland, und da die Dänen dachten, daß er reich an Waffen und von einmaliger Majestät sei, erfüllten sie ihm jeden Wunsch, den er in Bezug auf die Herrschaft über sie hatte. So wankelmütig waren unsere Vorfahren und zerfielen in zwei Parteien.

Hother kehrte von Schweden zurück und griff ihn an. Beide begehrten die Macht und der heftigste Streit um die Herrschaft entbrannte zwischen ihnen, aber er wurde bald durch die Flucht des Hother beendet.

Er zog sich nach Jütland zurück und benannte die Dörfer, in denen er verweilen wollte, nach seinen Namen. Hier verbrachte er den Winter und zog dann alleine und ohne Begleitung nach Schweden zurück. Dort versammelte er die Großen des Reiches und verkündete ihnen, daß er das Licht des Lebens wegen des zweimaligen Unglücks, durch das Balder ihn besiegt habe, leid sei.

Dann verabschiedete er sich von allen und wanderte einen gewundenen Pfad zu einem Ort, der nur schwer zu erreichen war und zog dabei durch wilde Wälder. Denn es geschieht oft, daß die, die von einem unheilbaren Kummer des Geistes befallen werden, die Größe ihres Leides nicht in der Gesellschaft von Menschen ertragen können und deshalb abgelegene und einsame Orte aufsuchen als ob diese eine Medizin wären, die ihre Trauer vertreiben würde – so lieb ist die Einsamkeit der Krankheit. Denn Schmutz und Verwahrlosung sind nur denen angenehm, die mit Seelenleiden geschlagen sind.

Die Menschen verlangten von ihm jedoch, daß er ihnen von der Spitze eines Hügels aus Rat erteilte, wenn sie mit Fragen zu ihm kamen. Sie tadelten seine Abneigung sich zu zeigen und seine Abwesenheit wurde von allen bitter beklagt.

Hother jedoch wanderte auf den abgelegendsten Seitenwegen und durchquerte einen unbewohnten Wald und kam schließlich zu einer Höhle, in der drei Jungfrauen lebten, die er nicht kannte, aber es stellte sich heraus, das es dieselben waren, die ihm einst die undurchdringliche Rüstung gegeben hatten. Als sie ihn frugen, warum er zu ihnen gekommen sei, berichtete er ihnen von dem schrecklichen Ausgang des Krieges. Er begann über das Unglück seiner Fehlschläge und über seine Unglück zu weinen und er verdammte ihren Treuebruch und klagte, daß die Dinge sich für ihn nicht so entwickelt hätten, wie sie es ihm versprochen hatten.

Die Jungfrauen sagten ihm jedoch, daß er, obwohl er nur selten siegreich gewesen sei, seinem Feind doch genausoviel Schaden zugefügt habe wie er ihm und daß er genausoviele Leichen auf der Seite seines Feindes verursacht habe wie dieser auf Hothers Seite.

Sie sagten ihm weiterhin, daß der Sieg schon bald sein sein werde, wenn er eine bestimmte außergewöhnliche und besondere Speise in seine Hände bekommen könne, die die dafür geschaffen worden war, Balders Kraft zu vergrößern. Nichts würde mehr schwierig sein, wenn er diese Speise erlangen könnte, die dafür bestimmt war, die Stärke seines Feindes zu erhöhen.

Auch wenn es für Erdgeborene schwer klingen mag, in ihrem Bestreben einen bewaffneten Angriff auf die Götter zu wagen, beflügelten die Worte der Jungfrauen doch sofort den Geist Hothers mit dem Vertrauen, einen Kampf gegen Balder gewinnen zu können. Auch wenn einige seiner eigenen Leute sagten, daß man nicht mit Erfolg mit denen dort oben streiten könne, vertrieb das Feuer des Geistes des Hother all ihre Bedenken wegen der Majestät der Himmlischen. Denn in tapferen Seelen wird die Heftigkeit nicht immer von Vernunft genährt und auch guter Rat verhindert nicht immer die Eile. Hother erinnerte sich auch nicht daran, daß die Macht der Edelsten sich oft als trügerisch erweist und daß ein kleiner Erdklumpen den größten Streitwagen umwerfen kann.

Auf der anderen Seite musterte Balder die Dänen und traf Hother auf dem Schlachtfeld. Beide Seiten verursachten ein großes Gemetzel und die Verluste waren auf beiden Seiten fast gleich, als die Nacht die Schlacht beendete. Um die Zeit der dritten Wache schlich Hother von allen unerkannt um den Feind auszuspionieren – seine Anspannung wegen der drohenden Gefahr hatte all seinen Schlaf verbannt. Diese große Aufregung fördert nicht die Entspannung des Körpers und innere Unruhe erträgt nicht das Ruhen des Körpers.

Als er in Balders Lager kam, hörte er, daß drei Jungfrauen hinausgegangen waren und die geheime Speise des Balder mit sich trugen. Er lief ihnen nach (ihre Fußstapfen im Tau verrieten ihren Weg) und betrat schließlich ihre gewohnte Behausung. Als sie ihn frugen, wer er sei, antwortete er, daß er ein Lautenspieler sei und fehlte nicht, als sie ihn auf die Probe stellten, denn als sie ihm eine Leier gaben, stimmte er die Seiten, ordnete und beherrschte die Akkorde mit seinem Federkiel („Plektrum") und spielte in angenehmer Weise eine Melodie, die dem Ohr angenehm war.

Die Jungfrauen hatten drei Schlangen, deren Gift sie zur Stärkung in die Speise für Balder mischten, und auch als er in der Behausung war, tropfte das Gift aus den offenen Mündern der Schlangen in die Speise. Einige der Jungfrauen hätten Hother aus Freundlichkeit etwas von der Speise gegeben, wenn es ihnen die älteste nicht verboten und verkündet hätte, daß Balder betrogen werden würde, wenn sie die Körperkraft seiner Feinde stärken würden.

Er hatte nicht gesagt, daß er Hother sei, sondern einer von ihrem Heer. Diese Nymphen gaben ihm aus ihrer Freundlichkeit heraus einen Gürtel von vollkommenem Glanz sowie einen Gürtel, der seinem Träger den Sieg verlieh. Er ging den Pfad zurück, auf dem er gekommen war und als er Balder traf, stieß er ihm sein Schwert in die Seite und warf ihn halbtot nieder. Als er diese Neuigkeiten seinen Kriegern verkündete, erhob sich auch lautes Triumphgeschrei über dem ganzen Lager des Hother, während die Dänen das Schicksal des Balder beklagten.

Balder, der seinen Tod nahen spürte und unter dem Schmerz in seiner Wunde litt, nahm am Morgen jedoch den Kampf wieder auf. Als er heiß tobte, bat er darum, auf *einer Trage zu dem Schlachtfeld gebracht zu werden, damit es nicht so aussähe, als ob er unbeteiligt in seinem Zelt läge. In der folgenden Nacht sah er in einer Vision Proserpina (Hel) neben sich stehen und ihm versprechen, daß sie am nächsten Morgen umarmen werde.*

Die Bilder des Traums trügten nicht, denn als drei Tage vergangen waren, starb Balder an der heftigen Qual seiner Wunde. Seinem Körper wurde eine königliche Bestattung bereitet und sein Heer setzte ihn in einem Hügelgrab bei.

In diesem Text finden sich viele Beschreibungen, die mit denen aus der Edda übereinstimmen. So ist Balder Odins Sohn und Hother der Verursacher seines Todes – in der Edda unabsichtlich und in der Gesta danorum mit Absicht. Die geheime Kraft in Balders Körper, die ihn sogar vor stählernen Klingen und Speerspitzen schützt, entspricht Balders Unverwundbarkeit in der Edda.

In der Gesta danorum ist Miming ein Waldtroll. Er ist wahrscheinlich mit dem Tyr-Riesen Mimir identisch. Mimir verriet dem Odin die Geheimnisse der Unterwelt. Mimirs Schwert ist das magische Schwert des Gottes Tyr. Mimir entspricht dem Tyr als Schmied Wieland auf der Jenseitsinsel. Das Schwert des Gottes Tyr, der wie Baldur ein sterbenden und wiedergeborener Gott gewesen ist, wird diese Jenseits-reise-Symbolik des Tyr geteilt haben.

Miming als Waldtroll könnte eine Umdeutung des Tyr-Mimir in der Unterwelt sein, da die unbekannte Wildnis des Waldes („Myrkvid" = „Düsterwald") ein beliebtes Bild für das unbekannte Jenseits gewesen ist.

Der schwere Weg zu dem Satyr im Wald könnte den Jenseitsweg symbolisieren. Dazu würde auch passen, daß der Satyr in einer Höhle wohnt, die auf den Eingang zur Hel zurückgehen könnte. Das eisige Gebiet, durch das Hother zu dem Satyr reisen muß, würde dann dem Eliwagar („Eiswogen") genannten Gletschern im Norden entsprechen, die von den Germanen ebenfalls als Bild für das Jenseits benutzt wurden. Schließlich sind auch noch die Hörner des Satyrs ein deutliches Zeichen dafür, daß Hothur in die Unterwelt reisen muß, um das magische Schwert zu erlangen, da die Ahnen ihre Hörner durch ihre Identifizierung mit dem für sie bei ihrer Bestattung geopferten Herdentier, das ihre Zeugungskraft sichern soll, erlangt haben.

Die Wahrscheinlichkeit, daß es sich bei Mimings Schwert letztlich um das Schwert des Gottes Tyr handelt, das Hother aus dem Jenseits holt, ist folglich recht groß.

Der Armreif des Satyrs, der den Wohlstand mehrt, ist offenkundig Odins Ring Draupnir, den er Baldur auf seine Fahrt in die Unterwelt mitgab, denn von diesem magischen goldenen Ring tröpfelten jede neunte Nacht acht identische Ringe ab.

In Saxos Bericht über Balder und Hother findet sich auch die Beschreibung der Bestattung des Königs Gelder, der auf einem Scheiterhaufen aus Schiffen bestattet wurde, was der aus der Edda bekannten Bestattung des Baldur in etwa entspricht.

Die Geschichte über Hothers Brautwerbung für Helgi erinnert sehr an das Skirnir-

Lied, in dem Skirnir für Freyr um Gerda wirbt.

Die Szene, in der Balder dadurch, daß er in die Erde sticht, Quellen entspringen läßt, ist wohl ein Versuch, die auf Baldur bezogenen Namen dieser Quellen zu erklären. Aus dieser Erklärung ergibt sich jedoch, daß Baldur mit Quellen in Verbindung gebracht wurde – vermutlich in deren Bedeutung als Tor zur Wasserunterwelt.

Die drei Jungfrauen, die dreimal in der Geschichte auftreten, sind offenbar sowohl die drei Nornen, die das Schicksal verkünden und festlegen, als auch drei Walküren. Sie können Rat und magische Gegenstände geben bzw. sagen, wie man sie erlangen kann und sie können zudem mithilfe von Schlangengift die magische Speise des Baldur, d.h. den Göttermet herstellen. In dieser letzten Funktion sind sie auch der Göttin Idun verwandt, die mit ihren Äpfeln die ewige Jugend der Götter erhält. Man kann zumindestens vermuten, daß sie auch eine große Ähnlichkeit mit den Priesterinnen und Seherinnen der Germanen haben.

Dieser Trank für Baldur wird auch in der Edda im Wegtam-Lied erwähnt, wobei er ihm dort aber erst im Jenseits von Hel kredenzt wird: *„Hier steht dem Baldur der Becher eingeschenkt, der schimmernde Trank, vom Schild bedeckt."*

Die Schlacht zwischen den beiden Heeren des Baldur und des Hother ist eine Variante des Ragnarök in der Edda. Da in ihr die beiden Heere noch von Baldur und Hödur angeführt werden, ist sie noch näher an den früheren Mythen über Tyr und Loki geblieben als die Schilderung des Ragnarök, in der die Asen gegen den Tyr-Riesen Surtur stehen, der von Loki unterstützt wird.

In der Gesta danorum ist der Grund für den Kampf zwischen Baldur und Hödur der Streit um die Göttin Nanna. Dieses Motiv findet sich in vielen Mythen: Tyr-Hrungnir will Freya und Sif rauben, der Riesenbaumeister (Tyr) verlangt von den Asen Freya als Lohn für seine Arbeit, Tyr-Thiazi raubt mithilfe des Loki Idun, Tyr-Heimdall und Loki kämpfen um Freyas Brisingamen usw.

Sowohl der Sommergott Tyr als auch der Wintergott Loki konnten nur wiedergeboren werden, wenn sie sich mit der Jenseitsgöttin vereint hatten. Daher war der von ihnen, der gerade besiegt worden war und in der Unterwelt gefangenlag, darum bestrebt, auszubrechen und dem anderen die Frau, also die Jenseitsgöttin zu rauben. Auf diese Weise entstanden die Jahreszeiten.

Saxos Kommentar zu der Bezeichnung „Götter" für Odin, Balder, Thor usw. zeigt, daß er zwar einerseits ein christlicher Mönch war und als solcher den alten Glauben ablehnte, daß er aber dennoch darum bemüht war, diese alten Geschichten möglichst sorgfältig und genau aufzuzeichnen.

Odin begann jedoch, obwohl er als der Oberste der Götter angesehen wurde, sich bei den Sehern und Wahrsagern sowie bei allen anderen, von denen er gehört hatte, daß sie in den fortgeschrittensten Formen der Wahrsagung geübt waren, nach einer Möglichkeit zu erkundigen, seinen Sohn zu rächen. Denn die Gottheit, die unvoll-

kommen ist, benötigt oft die Hilfe der Menschen.

Rostioph der Finne verkündete ihm, daß ihm ein weiterer Sohn geboren werde müß-te – von Rinda, der Tochter des Königs von Lithauen. Diesem Sohn war es bestimmt, die Bestrafung für den Mord an seinem Bruder durchzuführen, denn die Götter hatten es festgelegt, daß dieser Bruder, der erst noch geboren werden mußte, die Aufgabe erhielt, seinen Verwandten zu rächen.

Odin verbarg sein Gesicht, als er dies hörte, hinter einer Kapuze, damit sein Antlitz ihn nicht verraten würde, und trat als Söldner in den Dienst des besagten Königs; und nachdem er von ihm zu einem Anführer der Soldaten gemacht wurde und ihm ein Heer gegeben hatte, errang er einen ruhmvollen Sieg über den Feind.

Für seine beachtlichen Leistungen in dieser Schlacht gewährte der König ihm den Hauptplatz in seinen Freundschaften und hob ihn sowohl durch großzügige Geschenke als auch durch Ehrungen über alle anderen empor.

Nur wenig später vernichtete Odin ganz alleine den Feind und kehrte sowohl als der Bote seiner Tat als auch als der Vollbringer seiner Tat wieder zurück. Alle bewunderten die Stärke des Mannes, der alleine ein solches zahlloses Heer töten konnte.

Auf diese Dienste vertrauend, ließ er den König im Vertrauen von seiner Liebe wissen und wurde von ihm mit dem großzügigsten Zuspruch ermuntert; aber als er einen Kuß von der Maid zu erlangen versuchte, erhielt er einen Korb. Aber er ließ trotz seiner Wut über diese Zurückweisung und der Abscheulichkeit dieser Beleidigung nicht von seinem Vorhaben ab.

Über die Werbung um eine Frau und auch über die Stellung der Frau allgemein scheint man damals zum Teil noch deutlich andere Vorstellungen als heute gehabt zu haben …

Im darauffolgenden Jahr nahm Odin das Aussehen eines Ausländers an und kehrte an den Hof des Königs von Litauen zurück, denn er wollte seine Absicht, mit der er voller Verlangen gekommen war, nicht einfach aufgeben. Es war für die, die ihm begegneten, kaum möglich, ihn wiederzuerkennen, denn er hatte sein Gesicht unter Schmutz verborgen und seine alten Gesichtszüge waren von frischem Ruß verdeckt.

Er sagte, daß sein Name „Roster" sei und daß er ein geschickter Schmied sei. Und das, was er anfertigte, war eine Ehre für sein Handwerk, denn er bildete die Köpfe vieler Menschen in allerschönster Weise aus Bronze nach, sodaß er große Mengen an Gold von dem König erhielt und von ihm damit beauftragt wurde, Schmuck für die Frauen herzustellen. Nachdem er viele schöne Dinge für die Frauen, die sie nun trugen, hergestellt hatte, bot er der Jungfrau Rinda einen Armreif an, den er mit viel mehr Aufwand poliert hatte als alle anderen und dazu noch einige Ringe, die er mit genausoviel Mühe verziert hatte.

Odins Schmied-Name „Roster" ist ein Kurzform von „Hrosstheow" und bedeutet schlicht „Ruß-Diener".

Das Herstellen von lebensechten Köpfen wird in der Thidrek-Sage auch von Tyr-Wieland berichtet.

Aber keine Dienste konnten den Zorn der Rinda besänftigen; als er sie zu küssen versuchte, stieß sie ihn fort – denn Geschenke, die von jemandem angeboten werden, den wir hassen, sind nicht annehmbar, während solche, die uns von einem Freund gebracht werden, mehr Gnade erhalten: So sehr hängt der Wert des Geschenkes von dem Schenkenden ab.

Denn diese stark-herzige Maid zweifelte keinen Augenblick daran, daß der geschickte alte Mann seine Großzügigkeit nur vorgab, um der Lust, die er leben wollte, eine Tür zu öffnen. Sein Wille war jedoch nach wie vor entschlossen und unbeugsam. Sie aber wußte, daß seine Verehrung für sie eine List verbarg und daß unter seinem Anbieten von Geschenken das Verlangen lag, ein Verbrechen zu begehen.

Ihr Vater begann sie heftig für ihre Ablehnung des Freiers zu tadeln, aber sie verabscheute den alten Mann zu heiraten und die Bitte ihrer jungen Jahre verlieh dem Zurückhalten ihrer Hand einige Unterstützung, denn sie sagte, daß ein junges Mädchen nicht vor ihrer Zeit heiraten sollte.

Aber Odin, der erfahren hatte, daß nichts den Wünschen eines Liebenden mehr dient als feste Entschlossenheit, ging, obwohl er von der Schande der zweifachen Zurückweisung verletzt worden war, ein drittes mal zu dem König und bot ihm die vollkommensten Dienste in der Kriegskunst an.

Zu dieser Tat wurde er nicht nur durch sein Verlangen nach Vergnügen, sondern auch durch sein Verlangen, seine Schmach auszumerzen, angetrieben. In den früheren Zeiten besaßen diejenigen, die in den magischen Künsten bewandert waren, die Macht, ihr Aussehen im Nu zu verändern und die verschiedensten Gestalten anzunehmen. Sie waren in der Tat sehr geschickt darin, das verschiedenste Alter vorzuspielen – nicht nur in ihrer körperlichen Erscheinung, sondern auch in ihrem Wesen; und so begann der alte Mann, um gefällig zu erscheinen, unter den Stolzesten der Krieger auf und ab zu reiten.

Doch nicht einmal solch eine Präsentierung konnte die Entschlossenheit der Maid erweichen, denn es fällt dem Geist schwer, zu einer echter Zuneigung für jemanden zurückzukehren, gegen den man einmal eine heftige Abneigung empfunden hat. Als er versuchte, sie bei seinem Abschied zu küssen, stieß sie ihn so heftig zurück, daß er stolperte und sich sein Kinn auf dem Boden stieß.

Daraufhin berührte er sie sofort mit einem Stück Rinde, auf das Zaubersprüche geschrieben waren, und ließ sie dadurch wie jemanden erscheinen, der einen Anfall hat: Dies war eine kleine Rache für all die Beleidigungen, der er von ihr erhalten hatte.

Aber noch immer gab er das Erreichen seines Zieles nicht auf, denn das Vertrauen in seine eigene göttliche Größe erfüllte ihn mit Zuversicht; daher nahm dieser unermüdliche Wanderer die Gestalt einer jungen Frau an und kehrte ein viertes mal zu dem König zurück und zeigte sich, nachdem er von ihm aufgenommen worden war, hilfreich, ja zuvorkommend. Die meisten Menschen nahmen ihm ab, daß er eine Frau sei, denn er war in weibliche Gewänder gekleidet. Er sagte zudem, daß sein Name „Wecha" sei, und sein Beruf Heilerin: und diese Behauptung bewies er durch seine bereitwilligsten Dienste.

Der Name „Wecha" ist von dem germanischen Wort „wäha" für „weihen" abgeleitet. Er ist eine Weiterentwicklung des Gottesnamens „We", mit dem in der Dreiheit „Woden, Wili, We" der Stand des Priesters/Heilers bezeichnet wird.

Schließlich wurde er in den Haushalt der Königin aufgenommen und erhielt dort die Aufgabe der Kammerzofe der Königstochter und wusch sogar regelmäßig am Abend den Schmutz von ihren Füßen; und als er sie beim Waschen mit dem Wasser netzte, konnte er sogar ihre Waden und ihre Oberschenkel berühren.

Doch das Glück geht mit wechselhaften Schritten voran und so führte der Zufall in seine Hände, was seine Absicht nie erreicht hatte. Denn es geschah, daß das Mädchen erkrankte und nach Heilung suchte; und sie rief zum Schutze ihrer Gesundheit eben jene Hände herbei, die sie zuvor zurückgewiesen hatte und bat jenen um Erhaltung ihres Lebens, den sie zuvor verabscheut hatte.

Er untersuchte genauestens alle Zeichen ihrer Krankheit und sagte schließlich, daß es, um die Krankheit so bald wie möglich aufzuhalten, notwendig sei, einen bestimmten Heiltrank anzuwenden; aber daß dieser Trank derart bitter zusammengemischt sei, daß die Maid niemals eine solch heftige Heilung ertragen könnte, wenn sie nicht bereit wäre, sich anbinden zu lassen; denn die Säfte der Krankheit müßten aus den innersten Fasern herausgeworfen werden.

Als der Vater dies hörte, zögerte er nicht, seine Tochter zu binden; und nachdem er sie auf das Bett gelegt hatte, bat er sie, geduldig alle Heilmittel der Heilerin zu ertragen. Denn der König wurde durch das Frauengewand getäuscht, das der alte Mann trug, um seine nicht ermüdende List zu verbergen; und so wurde die scheinbare Heilung zu einem Ereignis der Empörung.

Denn der Heiler ergriff die Gelegenheit zur Liebe und ließ von seiner Tätigkeit des Heilens ab und eilte zu der Arbeit – nicht zu der Vertreibung des Fiebers, sondern zu den Arbeiten der Lust; er nutzte die Krankheit der Königstochter, die ihm bei guter Gesundheit widerstanden hatte.

Ich werde nicht langweilen, wenn ich eine weitere Version dieser Angelegenheit hinzufüge. Denn es gibt einige, die sagen, daß der König, als er sah, wie der Heiler unter seiner Liebe litt, aber trotz all seiner geistigen und körperlichen Anstrengungen nichts erreichte, ihn nicht seines ihm zustehenden Lohnes, den er sich so redlich

verdient hatte, berauben wollte und ihm deshalb erlaubte, mit seiner Tochter unge-
stört zusammenzuliegen.

So fällt die Verdorbenheit des Vaters manchmal auf die Tochter zurück, wenn starke
Leidenschaft die natürliche Milde verzerrt. Aber seinem Vergehen folgte schon bald
eine Reue, die voller Scham war, als seine Tochter einen Sohn gebar.

Der Sohn des Odin und der Rindr ist Wali, der in der Gesta danorum „Boe" genannt
wird.

In den früheren Versionen der Verbindung zwischen Odin und Rindr wie z.B. der
Vereinigung von Wieland und Bödwild oder von Odin und Gunnlöd ist noch nicht
von solch einer Vergewaltigung die Rede, denn dort wird das Verhältnis als von
beiden gewollt beschrieben.

Vielleicht liegt dieser Umdeutung auch der Sexualitäts-feindliche christliche Einfluß zugrunde.

… … …

Als er sah, daß Boe, sein Sohn von Rinda, für die Härten der Krieges gewappnet
war, rief er ihn zu sich und bat ihn, die Ermordung seines Bruders in Erinnerung zu
behalten. Er sagte zu ihm, daß es besser sei, an den Mördern des Balder Rache zu
nehmen als die Unschuldigen zu besiegen, denn das Führen von Kriegen war dann
am besten und am passendsten, wenn es durch eine Rache einen heiligen Grund gab,
den Krieg rechtmäßig zu eröffnen und ihn zu führen.

Boe ist der wiedergeborene Baldur (Tyr), der jetzt (im Frühjahr) Rache an Hother
(Loki) nehmen soll, der ihn zuvor (im Herbst) getötet hatte.

… … …

Da versammelte Hother die Ältesten und sagte ihnen, daß er in dem Krieg, in dem
er Boe begegnen wird, fallen werde und daß er dies nicht durch zweifelhaftes Raten,
sondern durch sichere Vorhersagen von Sehern wüßte.

Da ersuchte er sie, seinen Sohn Rorik zum König zu ernennen, damit das Urteil von
heimtückischen Männern das Königtum nicht auf fremde und unbekannte Häuser
übertragen würden. Er beteuerte, daß er mehr Freude über die Nachfolge seines
Sohnes ernten würde als Bitterkeit über seinen eigenen Tod. Diese Bitte wurde schnell
erfüllt.

Dann traf er Boe in einer Schlacht und wurde getötet, aber Boe gab sein Sieg nur
wenig Freude. Wahrlich, er verließ die Schlacht so schwer verwundet, daß er auf
einen Schild gelegt und von seinen zu Fuß kämpfenden Kriegern reihum getragen

33

wurde und am nächsten Tagen an den Schmerzen seiner Wunden starb.

Der Tod des Boe nach der Schlacht gegen Hother (Hödur) könnte eine Erinnerung an den zyklischen Tod des Göttervaters sein, der nach der Umdeutung der Mythe in eine Sage zu einem Tod nach dem Durchführen seiner Rache wurde.

Ursprünglich starb der Göttervater aufgrund des Sonnengleichnisses jeden Abend und wurde jeden Morgen wiedergeboren.

Auch die Entstehung der Jahreszeiten wurde durch den endlosen zyklischen Kampf zwischen dem Sommergott Tyr und dem Wintergott Loki erklärt.

Aus dem Erleben der endlosen Folge von Rache und Gegen-Rache zwischen zwei Parteien und aus dem zyklischen Charakter der ursprünglichen Mythe entstand schließlich die Vorstellung, daß auch der Rächer bereits kurz nach dem Mann, den er aus Rache getötet hatte, starb.

4. i) Gesta danorum

An einer anderen Stelle berichtet Saxo der Schriftkundige über den Tod des Starkad, der eine Saga-Variante des Tyr ist. Da Starkad von Hather getötet wird, könnte dieser „Hather" eine Variante von „Hödur" sein – zumal der Mord des Hödur an Baldur auf den Mord des Loki an Tyr zurückgeht (siehe auch „Starkad" in Band 39).

Mittlerweile war Starkad durch sein sehr hohes Alter schwächer geworden.

Starkad lebte dem Beschluß des Odin zufolge drei normale Lebzeiten lang, d.h. er näherte sich jetzt vermutlich einem Alter von 300 Jahren, wenn man davon ausgeht, daß dieses Motiv der Mythe über König Snae den Alten und der Sage über Norna-Gest entspricht (siehe „300" in Band 47).

Diese 300 Jahre sind eigentlich drei Leben, was wiederum ein Symbol für das endlose, zyklische Leben des Sonnengott-Göttervaters Tyr ist (siehe „300" in Band 47).

Er schien nun jenseits der Zeit zu sein, in der er kriegerische Dienste leisten und dem Ruf der Kämpfer folgen konnte. Er verabscheute es, seinen uralten Ruhm durch die Schwäche seines Alters zu verlieren und fand, daß es eine edle Tat wäre, sich selber ein freiwilliges Ende zu setzen und den Tod durch seinen eigenen freien Willen herbeizuführen.

Dieses Motiv ist auch bei einigen anderen „alten Kriegern" zu finden.

Da er so oft edel gekämpft hatte, schien es ihm unehrenhaft zu sein, einen blutlosen Tod zu sterben und da er den Ruhm seines früheren Lebens durch den Glanz seines Endes erhöhen wollte, zog er es vor, von einem Mann von edler Geburt erschlagen zu werden anstatt den später kommenden Speer der Natur zu erwarten – für so schändlich wurde es angesehen, wenn Männer, die ihr Leben dem Krieg gewidmet hatten, durch eine Krankheit starben.

Der „Speer der Natur" ist der natürliche Tod.

Starkads Leib war schwach und seine Augen konnten nicht mehr klar sehen – daher haßte er es, noch länger im Leben zu bleiben. Um sich selber einen Henker zu kaufen, trug er das Gold, das er für die Ermordung des Ole erhalten hatte, um seinen Hals, da er fand, daß es keinen passenderen Weg gab, um für den Verrat zu büßen, den er begangen hatte, als den Lohn für Oles Tod zu dem Preis auch für seinen eigenen Tod werden zu lassen und für den Verlust seines eigenen Lebens das auszugeben, was er für den Tod eines anderen erhalten hatte.

An dieser Stelle wird nicht gesagt, in welcher Form Starkad das Gold um seinen Hals trug, aber es wird sich wahrscheinlich um einen goldenen Halsreif gehandelt haben. Ein solcher Halsreif im Zusammenhang mit einer „verräterischen Ermordung" sowie mit dem eigenen Tod klingt ganz so, als ob dieses Motiv eine späte Variante des Streites zwischen Tyr (Starkad) und Loki (das wäre dann Ole) sei. Dieser Halsreif wäre dann mit Odins Draupnir, Freyas Brisingamen und Fullas Haarreif identisch (siehe „Ring" in Band 57 und „Brisingamen" in Band 22).

Dies, fand er, war die edelste Verwendung für diesen schändlichen Lohn, die er finden konnte. Daher gürtete er sich mit zwei Schwertern und machte sich mit kraftlosen Schritten und auf zwei Stöcke gestützt auf den Weg
Einer der einfachen Leute, der ihn sah, fand, daß zwei Schwerter für einen alten Mann überflüssig seien und bat ihn spottend, ihm eins davon zu geben. Starkad spielte ihm die Hoffnung auf ein Einverständnis vor, bat ihn näherzukommen und zog dann das Schwert und stieß es durch ihn.
Dies sah ein gewisser Hather, dessen Vater Hlenne Starkad einst als Vergeltung für dessen eigenes gottloses Verbrechen getötet hatte.

Hlenne und sein Sohn Hather werden von an dieser Stelle das erste Mal von Saxo erwähnt – das Verbrechen des Hlenne ist daher unbekannt. Es wäre denkbar, daß es sich bei Hlenne um einen Sagen-Nachfolger des Loki und bei Hather daher um den wiedergeborenen Loki handelt – aber das ist unsicher.
Der Name „Hlenne" bedeutet „Dieb", was unter den Wikingern eher achtungsvoll

35

„erfolgreicher Räuber" bedeutete. Falls Hlenne auf Loki zurückgehen sollte, könnte damit der Raub des Brisingamen durch Loki gemeint sein.

Der Name „Hather" ist wahrscheinlich entweder eine Variante von „Hadr" oder von „Hödur", die beide die Bedeutung „Kampf" haben. Es ist durchaus denkbar, daß eine Verbindung zwischen Hather und dem Gott Hödur, dem Mörder des Baldur, besteht, da auch Hödurs Mord auf den endlosen, zyklischen Kampf zwischen Tyr und Loki zurückgeht.

Hather jagte mit seinen Hunden Hirsche, aber übergab die Jagd nun den anderen und gebot zweien seiner Krieger, ihre Pferde anzuspornen und auf den alten Mann zuzupreschen, um ihm Angst einzujagen. Sie galoppierten los und versuchten dann zu entkommen, aber sie wurden von den Stäben des Starkad angehalten und bezahlten für ihren Versuch mit ihren Leben.

Hather, der bei diesem Anblick erschrak, ritt näher und sah, wer der alte Mann war, aber er selber wurde von ihm nicht erkannt. Er frug ihn, ob er sein Schwert gegen das Mitnehmen auf einem Karren eintauschen würde.

Starkad antwortete, daß er in den alten Tagen Spötter zu züchtigen gewohnt gewesen sei und daß die Unverschämten ihn niemals ungestraft verspottet hätten.

Doch seine schwachen Augen konnten die Gesichtszüge des Jünglings nicht erkennen – daher sang er wie folgt ein Lied, in dem er die Größe seiner Wut beschrieb:

„So wie die nie zurückkehren Wasser durch den Sund strömen,
so fließt das Leben der Menschen dahin, während die Jahre vorüberziehen,
um nie zurückzukehren – schnell galoppiert das Rad des Schicksals,
das Kind des hohen Alters, das alle Dinge beendet.

Das hohe Alte wirft die Augen der Menschen nieder und ebenso ihre Schritte,
beraubt den Krieger seiner Sprache und seiner Seele,
trübt allmählich seinen Ruhm
und löscht seine ehrenvolle Taten aus.

Es ergreift seine schwachen Glieder, erstickt seine ihn schmerzenden Worte,
und betäubt seinen raschen Geist. Wenn der Husten kommt,
wenn die Haut von Schorf juckt
und die Zähne stumpf und hohl werden

und der Magen empfindlich wird –
dann verbannt das hohe Alter die Anmut der Jugend,
verdeckt die Haut mit Verfall
und sät so manche Falte in der staubigen Haut.

*Das hohe Alter zerstört die edlen Künste und vernichtet die Denkmäler
der Menschen aus früheren Zeiten und verbrennt uralten Ruhm,
verdirbt Schätze und nagt hungrig an dem Wert und dem Guten der Tugend,
stellt sich quer und bringt alle Dinge in Unordnung.*

*Ich habe selber die verletzende Macht des zerstörerischen Alters gespürt,
ich, der ich nur noch trübe sehen kann und heiser bin
in meiner Stimme und in meiner Brust –
und alle hilfreichen Dinge sind zu einer Verletzung für mich geworden.*

*Nun ist mein Leib nicht mehr so flink
und ich muß ihn auf Krücken stützen
und meine schwachen Glieder
auf Stäbe stützen.*

*Ohne sehen zu können leite ich meine Schritte
mithilfe von zwei Stöcken und folge dem kurzen Pfad
mit dem Stab, der mir den Weg zeigt
und vertraue mehr auf die Führung durch den Stock als durch meine Augen.*

*Niemand kümmert sich mehr um mich
und niemand von Rang bringt dem Altgedienten Linderung
sofern nicht zufällig Hather hier sein sollte
und seinem verfallenen Freund beisteht.*

Wen auch immer Hather einmal seiner pflichtbewußten Liebe wert scheint, dem dient er mit großem Eifer, fest in seiner Absicht und er vermiedet es, seine von ihm geschlossenen Bande zu brechen. Er spendet auch häufig denen angemessenen Lohn, die ihm im Krieg treu dienten und fördert ihren Mut. Er verliehlt den Tapferen Würden und ehrt seine berühmten Freunde mit Geschenken. Er ist freizügig mit seinen Schätzen, er vermehrt den Glanz seines Namens gerne mit Beute und er überbietet so manchen von den Mächtigen. Und er ist im Krieg nicht geringer: Seine Stärke gleicht seiner Güte, er ist schnell im Kampf, langsam im Verzagen, stets bereit, in die Schlacht zu ziehen, und er kann sich nicht zur Flucht wenden, wenn der Feind ihn hart bedrängt.

Doch für mich, wenn ich mich recht entsinne, hat das Schicksal bei meiner Geburt bestimmt, daß ich den Kriegen folgen soll und daß ich im Krieg sterben soll, daß ich stets in Gefechten sein soll, wachsam in Waffen sein soll und ein Leben des Blutvergießens führen soll. Ich war ein Mann der Feldlager und ruhte mich nicht aus, ich haßte den Frieden, ich wurde alt unter Deiner Standarte, O Kriegsgott!, in größter

Gefahr. Ich besiegte die Angst und fand es angemessen zu kämpfen, ich fand es schändlich zu mich auszuruhen, ich fand es edel zu töten und immer wieder zu töten und für immer dahinzuschlachten!

Ich habe die ernsten Könige oft im Krieg getroffen, habe Schild und Helm verbeult gesehen und das Feld vom Blut gerötet, und die Brünne von der Speerspitze zerborsten und das alles umfangende Kettenhemd sah ich dem Stoß des Stahls nachgeben und ich sah, wie sich die wilden Tiere an den unbestatteten Kriegern gütlich taten.

Hier im Kampf geschah es, das einer ein großes Ziel zu erreichen versuchte, ein Krieger mit starker Hand, der gegen den Ansturm der Feinde kämpfte und durch die Rüstung schlug, die mein Haupt bedeckte, durch meinen Helm stach und die Klinge in meiner Brust versenkte.

Dieses Schwert ist ebenso oft von meiner rechten Hand im Krieg geschwungen worden und nachdem es erst aus der Scheide gezogen worden ist, hat es Haut geschnitten und Schädel gebissen."

Da sang Hather zur Antwort:

„Woher kommst Du, der Du gewohnt bist, die Lieder Deines Landes zu dichten, und der Du Dich mit schwankenden Schritten auf Deinen zerbrechlichen Stab stützt? Und wohin eilst Du, der Du der eilfertigste Skalde der dänischen Musen bist?

All der Ruhm Deiner großen Stärke ist verblichen und verloren, die Farbe ist aus Deinem Gesicht gewichen, die Freude hat Deine Seele verlassen, die Stimme hat Deine Kehle allein gelassen und ist sie ist heiser und dumpf geworden, Dein Leib hat seine frühere Größe verloren, der Verfall des Todes hat begonnen und hat Deine Gesichtszüge und Deine Kraft verwüstet.

So wie ein Schiff ermüdet, das von den ständigen Wogen geschüttelt wird, so bringt das Alter, erzeugt von einer langen Reihe von Jahren, den bitteren Tod hervor, und das Leben vergeht, wenn seine Stärke aufgebraucht ist und erleidet den Verlust, der ihm von alt her beschieden ist.

Berühmter alter Mann, wer hat Dir erzählt, daß Du nicht den Vergnügungen der Jugend folgen darfst oder den Ball werfen darfst oder die Nüsse beißen und essen darfst? Ich denke, daß es nun besser für Dich wäre, Dein Schwert zu verkaufen und Dir dafür einen Karren zu kaufen, in dem Du dann oft umherfahren kannst, oder ein Roß, daß zahm dem Zügel folgt, oder für denselben Preis einen leichten Wagen kaufst.

Es wäre angemessener für das Zugtier, einen schwachen alten Mann zu tragen, wenn seine Schritte ihm nicht mehr gelingen; das Rad, das sich wieder und wieder im Kreise dreht, dient dem, dessen Fuß vor Schwäche strauchelt.

Doch wenn Du es vielleicht verabscheuen solltest, Deinen nutzlosen Stahl zu verkaufen, dann soll Dir Dein Schwert, wenn es nicht zum Verkaufe steht, Dir genommen werden und Dich töten."

Starkad antwortete:

„Du Lump, Deine aalglatten Lippen verstreuen müßige Worte, die für die Ohren der Guten unpassend sind.

Warum sollte jemand nach Geschenken verlangen, um Deinen Rat zu belohnen, den Du umsonst hättest anbieten sollen?

Ich werde natürlich zu Fuß gehen und ich werde nicht feige mein Schwert hergeben und mir die Hilfe eines Fremden erkaufen. Die Natur hat mir das Recht gegeben, hier vorüberzugehen und mir befohlen, auf meine eigenen Füße zu vertrauen.

Warum spottest und lästerst Du mit ungebührlicher Sprache über den, dem Du hättest anbieten sollen, ihn auf seinem Weg zu führen?

Warum bringst Du meinen Taten vergangener Tage Unehre, denen doch die Erinnerung an den Ruhm gebührt?

Warum erwiderst Du meine Dienste mit Tadel?

Warum verfolgst Du den Alten, der mächtig in der Schlacht ist, mit Hohn, und warum legst Du Schande auf meine unübertroffenen Ehren und meine erhabenen Taten, warum verkleinerst Du meinen Ruhm und meine Kraft?

Welche Kraft besitzt Du, daß Du nach meinem Schwert verlangst, das Deine Stärke nicht verdient?

Es gebührt nicht der rechten Hand oder der unkriegerischen Seite eines Hirten, der seine Schäfer-Melodien auf seiner Flöte spielt und nach seiner Herde schaut und sie auf den Weiden bewacht.

Du hast bestimmt inmitten des Gefolges nahe bei dem schmierigen Kessel Deine Brotkruste in die Blasen der schäumenden Pfanne getunkt und eine magere Scheibe in dem reichen, öligen Fett getränkt und heimlich mit durstigen Fingern den warmen Saft abgeleckt.

Du bist sicher mehr darin geübt, Deinen Umhang auf die Asche zu legen und auf dem Herd zu schlafen und den ganzen Tag zu schlummern und nur fleißig der Arbeit der stinkenden Küche nachzugehen statt das tapfere Blut mit Deinen Kriegsschäften fließen zu lassen!

Die Männer halten Dich für einen, der das Licht haßt und der das dreckige Loch liebt, ein übler Sklave Deines Bauches – wie ein Welpe, der die groben Körner leckt, den Spelz und alles.

Beim Himmel, Du hast nicht versucht, mir mein Schwert zu rauben, als ich dreimal in großer Gefahr für den Sohn des Ole kämpfte!

Denn wahrlich, in diesem Getümmel zerbrach meine Hand entweder das Schwert oder zerbrach den Widerstand – so heftig war der Schlag des Kämpfenden!

Was ist mit dem Tag, an dem ich sie einst lehrte, über die Küste der Kurländer mit Holzschuhen an den Füßen über die zahllosen Spitzen zu laufen? Denn als ich zu den Feldern kam, die mit Krähenfüßen übersät waren, schützte ich ihre wunden Füße mit Holzschuhen an ihnen.

Danach habe ich Hame getötet, der mächtig gegen mich kämpfte, und kurz danach *habe ich mit dem Anführer Rin, dem Sohn des Flebak, die Kurländer vernichtet, ja, und all die Stämme, die in Estland ausgerüstet worden sind, und auch Deine Leute, o Semgala!*

Ich griff die Männer von Telemark an und holte mir dort ein von Wunden blutiges Haupt, zerstört von Hämmern und niedergeworfen von geschmiedeten Waffen. Dort erfuhr ich das erste Mal, wie stark Eisen ist, das auf dem Amboß geschmiedet worden ist, und welche Kraft das gemeine Volk hat.

Und es war auch meine Tat, daß die Teutonen bestraft worden sind, als ich, um meinen Herrn zu rächen, Deine Söhne über ihren Kelchen niederstreckte, o Swerting, denn diese waren des hinterhältigen Mordes an Frode schuldig!

Nicht geringer war die Tat, als ich, um die geliebte Maid zu schützen, neun Brüder in einem Kampf tötete – sieh Dir den Ort an, der von den Eingeweiden verbrannt worden ist, die aus mir herausfielen und auf dem niemals wieder Korn wuchs – auf diesem versengten Grassoden!

Und kurz danach, als Ker der Anführer sich für einen Krieg zur See vorbereitete – da schlugen wir seine große Zahl an Schiffen mit einem edlen Heer!

Dann brachte ich Wake den Tod und strafte den unverschämten Schmied, indem ich ihm seinen Hintern abhieb.

Und ich tötete mit diesem Schwert Wisin, der an den schneebedeckten Felsen seine Speere stumpfte.

Dann tötete ich die vier Söhne des Ler und die Recken von Permland und nachdem ich danach den Fürsten des irischen Volkes niedergestreckt hatte, plünderte ich den Reichtum von Dublin und unser Mut wird für immer an der Beute, die wir aus Bravalle raubten, zu erkennen sein!

Warum halte mich noch auf? Zahllos sind meine Mut-Taten und wenn ich auf die Werke meiner Hände zurückblicke, gelingt es mir nicht, sie alle vollständig aufzuzählen. Sie sind insgesamt mehr als ich zählen kann. Mein Werk ist zu groß für jeglichen Ruhm und die Sprache reicht nicht aus, um sie zu beschreiben!"

So sang Starkad.

Als er schließlich durch ihr Gespräch herausfand, daß Hather der Sohn von Hlenne und daß der Jüngling von edler Geburt war, bot er ihm seine Kehle an, damit er sie durchschneiden konnte und bat ihn, nicht zu zögern, den Mörder seines Vaters zu strafen.

Er versprach ihm, daß er, wenn er dies täte, das Gold besitzen sollte, daß er selber von Hlenne erhalten hatte.

Und um sein Herz noch weiter aufs heftigste gegen sich zu erzürnen, wird berichtet, daß er wie folgt zu ihm sprach:

„Ich habe weiterhin Dich, Hather, Deines Vaters Hlenne beraubt! Ich bitte Dich, belohne mich dafür und strecke den alten Mann nieder, den es zu sterben verlangt! Ziele mit dem rächenden Stahl auf meine Kehle, denn meine Seele wählt den edlen

Töter und schreckt davor zurück, ihr Schicksal aus der Hand eines Feiglings zu erbitten.

Es ist rechtens für einen Mann, dem Spruch seines Schicksals zuvorzukommen. Das, dem man nicht entkommen kann, darf man zu recht vorziehen. Der junge Baum muß gepflegt werden – der alte Baum muß gefällt werden.

Derjenige, der das zerstört, was seinem Ende nahe ist, ist das Werkzeug der Natur – er schlägt nur das nieder, was nicht mehr stehen kann.

Der Tod ist am besten, wenn er selbst aufgesucht wird. Und wenn das Ende geliebt wird, ist das Leben mühsam geworden. Laß nicht zu, daß die Leiden des Alters ein übles Los verlängern!"

So sprach er und nahm das Gold aus seiner Tasche und gab es ihm. Doch Hather, der genausosehr sich des Goldes erfreuen wollte als er die Rache für seinen Vater vollenden wollte, versprach, daß er entsprechend seiner Bitte handeln werde und ihm nicht den Lohn verweigern werde.

Da reichte ihm Starkad sehnlichst sein Schwert und beugte sofort seinen Nacken vor ihm und riet ihm, das Werk des Mörders nicht zaghaft auszuführen oder das Schwert wie eine Frau zu führen.

Er sagte ihm zudem, daß er, wenn es ihm gelänge, nachdem er ihn getötet hatte, zwischen den Kopf und den Leib zu springen, er gegen Waffen gefeit sein würde.

Wir wissen nicht, ob er dies gesagt hat, um seinem Henker zu helfen oder um ihn zu strafen, denn die große Masse seines Leibes hätte ihn vielleicht, als er sprang, zerquetschen können.

Da erschlug Hather ihn mit dem Schwert und hieb den Kopf des alten Mannes ab. Als der abgeschlagene Kopf auf die Erde fiel, sagt man, daß er in die Erde biß – auf diese Weise zeigte die Wut der sterbenden Lippen die Kühnheit der Seele.

Der Mörder jedoch, der vermutete, daß das Versprechen einen Verrat enthielt, heilt sich vorsichtig davon zurück zu springen. Wenn er dies voreilig getan hätte, wäre er vielleicht von der niederfallenden Leiche zerquetscht worden und hätte dann mit seinem eigenen Leben für den Mord an dem alten Mann bezahlt.

Er ließ es jedoch nicht zu, daß ein so großer Mann unbestattet blieb und ließ seinen Leib auf dem Feld bestatten, das allgemein als Rolung bekannt ist.

Das Motiv des niederfallenden toten Leibes, unter dem der Mörder begraben wird, ist auch von Tyr-Hrungnir bekannt, der Thor unter sich begrub (siehe den Band 17 über „Thor"). Dies bestätigt noch einmal, daß die Sagengestalt Starkad auf den Göttervater Tyr zurückgeht.

4. j)   Chronicon Lethrense

Auch in der dänischen „Chronik der Könige von Lejre" wird die Mythe von Baldur, Hödur, Odin, Wali („Both") und Thor als ein Teil der Königs-Annalen angesehen. Diese Chronik ist jedoch sehr viel kürzer als die „Gesta danorum".

Danach war Hodbrods Sohn Hother, der Sohn von Haddings Tochter, König – denn er war der nächste Erbe.

Hothers Vater war Hodbrod und seine Mutter die Tochter des Hadding. Da Hadding eine Saga-Variante des Tyr ist, hat Hother-Hödur also eine Tochter des Tyr-Hadding geheiratet – was vermutlich eine Umdeutung des endlosen Kampfes um die Göttin (Freya, Idun, Nanna) zwischen Tyr (Hadding) und Loki (Hödur-Hother) ist.

Er (Hother) war der König des Sachsenlandes. Er tötete Othens Sohn Balder in einer Schlacht, und verfolgte Othen und Thor und seine Begleiter. Sie wurden als Götter angesehen, obwohl sie keine waren. Später wurde er in einer Schlacht von Othens Sohn Both getötet.

Auch hier tötet Hother den Baldur und wird anschließend von Odins Sohn Both (Wali) getötet.

4. k)   Kenningar

Der Name „Hödur" erscheint auch in einigen Kenningarn, die alle auf den Mord des Hödur an Baldur oder Walis Rache an Hödur Bezug nehmen:

Ase	*Hödur*		Snorri Sturluson	Thulur (2x)
			Hallvardr Weiß-Strähne	Knutsdrapa
Baldur	*Gegner des Hödur*		Snorri Sturluson	Skaldskaparmal
Vali	*Feind des Hödur*		Snorri Sturluson	Skaldskaparmal
Vali	*Töter des Hödur*		Snorri Sturluson	Skaldskaparmal

Hödur selber wird mit den folgenden Kenningarn umschrieben:

Hödur	blinder Ase		Snorri Sturluson	Skaldskaparmal
Hödur	*Sohn des Odin*		Snorri Sturluson	Skaldskaparmal
Hödur	*Baldurs Mörder*		Snorri Sturluson	Skaldskaparmal
Hödur	*Werfer des Mistelzweiges*	er tötet Baldur mit einem Mistel-Pfeil	Snorri Sturluson	Skaldskaparmal
Hödur	*Feind des Vali*	Vali rächt Hödur	Snorri Sturluson	Skaldskaparmal
Hödur	*Genosse der Hel*	toter Hödur im Jenseits	Snorri Sturluson	Skaldskaparmal

In der Skaldendichtung erscheint Hödur in zwei Umschreibungen für „Krieger". Dies paßt zwar gut zu seinem Namen, der „Kämpfer" bedeutet, aber dies sagt nicht allzuviel aus, da die Skalden nicht immer besonders genau bei der Verwendung von Gottesnamen in Umschreibungen waren.

Die beiden bekannten Kenningar sind „Brünnen-Hödur" (Brünne = Brustpanzer) und „Schlachten-Hödur". Für einen blinden Gott passen diese Umschreibungen eigentlich nicht – entweder waren die Skalden hier nicht besonders penibel oder sie bezogen sich auf einen sehenden und aktiven Hödur.

Es ist beachtenswert, daß Hödur lediglich in der Edda als blind bezeichnet wird. Das läßt vermuten, daß dieses „blind" lediglich eine Art „mythologisches Adjektiv" mit der Bedeutung „zur Unterwelt gehörend" gewesen ist. In dieser Weise wird auch Odin als „Gestumblindi" („blinder Gast") bezeichnet.

4. l) Männernamen

Es gibt einige Männernamen, die den Bestandteil „höd" enthalten. Es allerdings recht wahrscheinlich, daß dieses auf das germanische „had" zurückgehende „höd" schlicht „Schlacht" bedeutet und nichts mit dem Gott Hödur zu tun hat.

Name	Bedeutung
Höddbroddur, Hödbroddr	Schlachten-Pfeilspitze
Hödd, Höder, Hödr, Hödur	Schlacht (Kurzform eines Zwei-Wort-Namens)
Hödskuldr	Schlacht-Schuld = Schlacht-Verursacher

43

4. m) Jakob Grimm: Deutsche Mythologie

Höðr (genitiv Haðar, dativ Heði, accusativ Höð), ein blind dargestellter gott von gewaltiger stärke, der ohne arg den tödlichen pfeil gegen Baldr abschießt, bei Saxo Hotherus genannt, weist auf einen gothischen Haþus, angelsäcsihen Heaðo, althochdeutsch Hadu, altfränkisch Chado, deren uns noch spuren in eigennamen und dichterischen zusammensetzungen versichern. althochdeutsch Hadupraht, Hadufuns, Hadupald, Hadufrid, Hadumâr, Hadupurc, Hadulint, Haduwîc (Hedwig) und andere; welche formen zunächst an Catumêrus bei Tacitus (althochdeutsch Hadumâr, Hadamâr) stoßen.

In der angelsäcsihen poesie haften die beiwörter heaðorinc (vir egregius, nobilis); heaðovelm (belli impetus, fervor); heaðosvât (sudor bellicus); heaðovæd (vestis bellica); heaðubyrne (lorica bellica); heaðosigel (egregium jubar); heaðogleám (idem); heaðolâc (pugnae ludus); heaðogrim (atrocissimus); heaðosioc (pugna vulneratus); heaðosteáp (celsus).

Wenn in solchen ausdrücken die bedeutung nicht bloß unbestimmt erhöht ist, scheint der begrif von schlacht und kampf hervorgehoben und der gott oder held vorzüglich als ein kriegerischer gedacht und verehrt worden zu sein. Haþus, Höðr drückte also, neben Wuotan und Zio, erscheinungen des kriegs aus, er wurde blind vorgestellt, weil er glück oder unglück blindlings vertheilte.

- - -

In der angelsächsischen poesie haften die beiwörter headorinc (vir egregius, nobilis); headovelm (belli impetus, fervor); headosvât (sudor bellicus); headovád (vestis bellica); headubyrne (lorica bellica); headosigel (egregium jubar); headogleám (idem); headolâc (pugnae ludus); headogrim (atrocissimus); headosioc (pugna vulneratus); headosteáp (celsus).

5. Zusammenfassung

Hödur ist seinem Namen nach, obwohl er blind ist, ein „Kämpfer". Seine Blindheit ist vermutlich ursprünglich lediglich ein Symbol für die Nacht, den Winter und für das Jenseits gewesen und ist erst später dann wörtlich genommen worden.

Auch der Jenseitsreise-Gott Odin wurde, obwohl er doch noch ein sehendes Auge hatte, „Gestumblindi" („Blinder Gast") genannt. Tyr trug in der Unterwelt u.a. die Namen „Solblindi" („blinde Sonne"), „Helblindi" („Blinder in der Hel") und „Vidblindi" („blinder Weiser").

Hödur wird sich in den früheren Fassungen der Mythen vermutlich mit seinem Halbbruder Baldur, der den Tag, den Sommer und das Diesseits verkörpert, in der Herrschaft abgewechselt haben.

Als Gott des Jenseits wird Hödur auch „Genosse der Hel" genannt.

Den Tod seines Halbbruders Baldur führt Hödur unbeabsichtigt aufgrund einer List des Loki mit einem Mistelpfeil herbei. Die Mistel wird als immergrüne Pflanze ursprünglich die Hoffnung auf einen neuen Morgen, einen neuen Frühling und die Wiedergeburt verkörpern haben.

Nach dem ungewollten Mord an Baldur wird Hödur von Odins Sohn Wali getötet.

Aufgrund des ursprünglich nicht einmaligen, sondern zyklischen Charakters der Mythe werden sowohl Baldur als auch Hödur nach dem Ragnarök wiedergeboren.

Hödur könnte evtl. eine Verbindung zu dem Priester-Gott Hönir gehabt haben – vielleicht weil Hönir in Ausübung seines Berufes oft in das Jenseits zu den Ahnen und den Asen reisen muß. Dies ist jedoch sehr unsicher.

Da Baldur eine Variante des einstigen Sonnengott-Göttervaters Tyr und sein Name eine Weiterentwicklung des Tyr-Beinamens „Beli" ist, wird Hödur letztlich eine Variante des Wintergottes Loki sein, durch den er ja auch zu dem Mord an Baldur überlistet wird. Die Entwicklung dieses Motivs wird daher wie folgt verlaufen sein:

vor 500 n.Chr. (Tyr ist der Göttervater):

- Loki tötet Tyr (= Beli) im Herbst; Tyr tötet Loki im Frühjahr (Entstehung der Jahreszeiten)
- Loki tötet Tyr (= Beli => Baldur)

nach 500 n.Chr. (Odin ist der Göttervater):

- Loki/Hödur tötet Tyr-Starkad
- Loki/Hödur tötet Baldur

II   Das Aussehen des Gottes Hödur

Über das Aussehen des Hödur ist kaum etwas bekannt. Da seine Blindheit symbolisch zu verstehen ist, bleiben für sein Aussehen nur noch der Mistelpfeil und die Assoziationen zum Winter und zur Unterwelt übrig.

III   Die Vorgeschichte des Gottes Hödur

Hödur ist aus Loki hervorgegangen, als um 500 n.Chr. nach der Absetzung des nordgermanischen Göttervaters Tyr durch Thor und Odin die Mythe über den endlosen zyklischen Kampf zwischen Tyr und Loki in ihre Einzelteile zerfallen ist und diese Teile in die neuen, Odin-zentrierten Mythen eingefügt worden sind.

Noch weiter zurück in den indogermanischen Mythen ist Loki aus dem Motiv der Regenräuberschlange entstanden, die die sommerlichen Dürren verursacht hat.

Näheres dazu findet sich in dem Band 16 über Loki, in dem Band 17 über Thor und in dem Band 41 über die Schlangen und Drachen.

IV   Die heutige Bedeutung des Hödur

Im Vergleich zu seinem Vorgänger Loki ist der Gott Hödur recht farblos. Als Wintergott könnte er am ehesten noch eine Bedeutung als Gott der inneren Einkehr und der Meditation haben.

Dagegen spricht allerdings sein Name, der „Kämpfer" bedeutet, und der Umstand, daß über ihn vor allem Kämpfe berichtet werden. Er ist allerdings auch kein typischer Kriegergott wie Tyr, Odin oder Thor.

Aufgrund dieser Undeutlichkeiten hängt die Bedeutung des Hödur in der heutigen Zeit vor allem von den konkreten Erfahrungen des Einzelnen mit diesem Asen ab.

V Traumreise zu Hödur

Bei einem Gott wie Hödur ist der persönliche Kontakt z.B. in einer Traumreise noch notwendiger als wie bei den meisten anderen Gottheiten, deren Charakter deutlich erkennbar ist und deren mögliche Bedeutung in der heutigen Zeit daher auch leichter erfaßbar ist.

Bei einer Traumreise ist man gleichzeitig im Wachbewußtsein und im Traumbewußtsein – so wie in einem Tagtraum oder wie morgens gleich nach dem Aufwachen, wenn ein Traum noch zehn Sekunden weitergeht, obwohl man schon wach ist.

„Hödur, ich möchte Dich gerne kennenlernen.“

„Dann komm.“

Ich sehe eine Wiese, einen Hügel – das ist ein Hügelgrab.

„Soll ich hineingehen?“

„Wenn Du mich kennenlernen willst …“

Ich sehe auch den Gang in das Hügelgrab hinein. Er ist erstaunlich hoch, aber eng. Ich muß mich trotzdem etwas bücken. Das hat was Bedrohliches, was Finsteres.

„Komm hier hinein!“

Jetzt bin ich drinnen in der Grabkammer. ... Da liegen Dinge herum, da ist ein Schwert, ein Kelch, da sind vermoderte Sachen ... aus Holz ... vielleicht ... eine eingetrocknete Leiche ...wie eine Mumie ... aber nicht mit Mumienbinden ...

„Hödur, wo bist Du?“

„Ich bin der Gott der Unterwelt.“

Ich spüre, daß er da ist, aber ich sehe ihn nicht.

„Bist Du der Tod?“

„Nein. Ich bin der Gott der Unterwelt.“

„Bist Du der Winter?“

„Ich bin der Gott der Unterwelt.“

„Puh … gut. … Ich möchte Dich gerne kennenlernen, was kann ich dafür tun?“

„Leg Dich hin.“

„Wohin?“

„Da – neben die Leiche.“

„Hm … also gut. … … … Puh!“

„So wirst Du einst auch sein.“

„Ja.“

„Ist Dir das klar, während Du lebst?“

„Nicht immer.“

Tiefer Seufzer ...

„Du meinst, das wäre gut für mich?“

„Ja.“

„Das heißt ... wenn ich mir meines Todes bewußt bin, dann wird mein Leben lebendiger?“

„So kann man das nennen.“

Tiefer Seufzer ...

„Kann ich hier wieder aufstehen?“

„Wenn Du was verpassen willst ...“

„Ne ... will ich nicht ...“

„Soll ich was tun?“

„Warte.“

Längere Pause ...

In der Traumreise schwebe ich jetzt über meinem Körper ... ich habe meinen Körper mit meinen Astralkörper verlassen ...

„Willst Du mir Das zeigen, Hödur?“

Tiefer Seufzer ...

„Du bist ungeduldig.“

„O.k.“

Eine noch längere Pause ...

Entspannter, leiser Seufzer ... ich fange an, loszulassen ...

Noch eine Pause ...

Es ist Stille und Dunkelheit ... es ist wie Winter ... es fühlt sich an wie ein Same in der Erde zu sein, der darauf wartet, daß es Frühling wird ...

Hödur: „Ich bin die Stille.“

„Bist Du blind, weil Du ins Verbogene blicken kannst?“

„Ja.“

„Wieso bist Du ein Krieger?“

„Nunja – ich töte Baldur ... als Loki habe ich Tyr getötet und er dann mich ...“

Tiefer Seufzer ...

„Das heißt, Du kannst mir zeigen, was Wandel und Rhythmus ist?“

„Ja.“

Wieder eine längere Pause ...

„Gibt es etwas, was Du mir ganz persönlich sagen oder zeigen magst – jetzt nichts, was mich einfach nur Dich verstehen läßt?“

„Sei mutiger und sei direkter.“

„Gut.“

„Und tue das, was Du gerne tun willst.“

„Ja.“

„Und fürchte Dich nicht vor dem, was geschieht, wenn Du tust, was Du tun willst. Wenn Du tust, was Du tun willst, geschieht immer genau das, was richtig ist: Entweder führt es Dich dahin, wo Du hinmöchtest, oder es zeigt Dir Deine Irrtümer – bei-

des geschieht nur, wenn Du tust, was Du tun willst.
„Hm ... ja ... ja ... ... Danke."
Noch ein Seufzer ...
„Ja ... ..."
„Du willst noch was fragen – dann stell die Frage doch auch."
„O.k. ... Ich bin ziemlich knapp, was das Geld angeht – freundlich formuliert. Ich frage mich, ob ich nicht irgendeine Aushilfsarbeit annehmen soll ... oder soll ich warten, bis etwa Gutes kommt, was ich gerne tun will?"
„Was wünschst Du Dir?"
„Ich würde mir wünschen, daß ich mich, solange wie ich noch die Bücher über euch germanische Götter und über eure Religion schreibe, nicht um Geld zu sorgen brauche."
„Findest Du, daß das ein berechtigter Wunsch ist?"
„Ich wünsche es mir einfach ... Ich weiß nicht, ob es eine Berechtigung dafür gibt. Kannst Du oder ihr mir dabei helfen?"
„Das tun wir schon ... vertraue dem Leben."
„Gut."
Kurze Pause ...
Ich: „Sterntaler?" (es ist die Haltung des Mädchens in dem Märchen gemeint)
„Ja, Sterntaler."
„O.k. ... ... Ist da noch etwas, was Du mir sagen oder zeigen möchtest, Hödur?"
Ich muß lächeln, irgendwas spüre ich da.
Seufzer ... loslassen ...
Ich soll auch das Ende von Dingen begrüßen können ... und willkommen heißen können ... Vergänglichkeit und Rhythmus willkommen heißen ... ja ... ja ... ... ja ...
„Zusammen mit dem, was Du vorher gesagt hast – darüber, daß ich immer das tun soll, was ich tun will – kann ich die Vergänglichkeit und den Rhythmus willkommen heißen. Das sind dann Verwandlungen, die immer im Einklang mit dem sind, was ich wirklich will ... ja ... Danke, Hödur! ... Ist da noch etwas? ... ... Du möchtest mich umarmen ... gerne!"
Ich muß leise lachen ...
„Danke!"
Ich muß ganz tief gähnen – das tut gut!
„Danke, Hödur!"
Ich kehre zurück.
„Ho!"

VI Hymnen an Hödur

Diese Verse sind keine traditionelle Dichtung, sondern eine neue Zusammenfassung dessen, was über Hödur bekannt ist. Sie können auch für Meditationen, Anrufung u.ä. benutzt werden, wobei es sinnvoll ist, die Strophen für diesen Zweck den eigenen Vorstellungen entsprechend zu kürzen, zu ergänzen oder umzuschreiben.

1. Der blinde Gott

Asgard-Ase, Hödur Kein-Auge,
Ich rätsele – Sohn des Odin Ein-Auge,
Was sind Deine Augen?
Wer bist Du, Hother Zwei-Auge?

Warum bist Du blind?
Bist Du so geboren?
Was hat Dich so werden lassen?
Was macht ein blinder Wanen-Freund?

Sag, was siehst Du in der Nacht?
Sag, was siehst in der Stille?
Sprich, was spürst Du im Innen?
Sprich, was spürst Du in der Hel?

Welches Wissen birgst Du in Dir?
Wohin kannst Du mich führen?
Warum zieht es mich auf Deine Wege?
Wovon kannst Du mir erzählen?

Augen-Ase, blinder Krieger,
Abgrund-Kenner, Hel-Vertrauter –
Zeige mir Dein Wandel-Wissen,
Zeig mir Deine Weisheit!

2. Ein endloser Kampf

Tyr tötet Loki,
Loki tötet Thiazi;
Hödur bringt Baldur zu Fall,
Boe bringt Hother ins Grab.

Ein Kampf um Iwaldis Idun[1],
Ein Kampf um Freya die Halsreiffrohe[2],
Ein Kampf um Nidr-Nanna[3],
Ein Kampf um Felderfrüchte-Sif[4].

Wer erhält den Göttermet?
Wer erhält den goldenen Ring?
Wer erhält den Mistelzweig?
Wer erhält die Midgard-Herrschaft?

Einer ist der Jarl des Jörmungrunds[5],
Einer ist der Fürst von Freyrs Land[6],
Einer ist der König unter Karis Zelt[7].
Und der andere Ase?[8]

Ein Hüter des Hügelgrabes ...
Ein Geist in der Grabkammer ...
Ein Seelenvogel am Leimstab ...
Ein Riese im reifkalten Utgard ...

---

1   Iwaldi = Tyr; er wird manchmal als Iduns Vater angesehen
2   „Halsreiffrohe" = wörtliche Übersetzung des Freya-Beinamens „Menglöd"
3   Nidr = das Niedere, Untere = Unterwelt
4   Felderfrüchte = Getreide; Sif ist die Korngöttin
5   Jarl = Graf = Herrscher; Jörmungrund = Midgard = Erde
6   Freyrs Land = Schweden
7   Kari = Windgott; sein Zelt = Himmelsgewölbe; das, was darunter ist = die Erde
8   Von dem Paar Tyr und Loki bzw. Baldur und Hödur herrscht jeweils einer im Diesseits, während der andere im Jenseits gefangen ist.

3. An Hödur

Hödur, lehre mich den Geist zu leeren,
leicht den Weg zur Stille zu finden;
die Augen zu schließen, um zu sehen
und zu spüren, was wirklich wichtig ist.

Hödur, hilf mir mich selbst zu sehen,
hinter Angst und Sucht und Abwehr:
die Sonne meiner Seele im Herzen,
das Strahlen meiner Wahrheit.

Hödur, führe mich zu innerem Frieden,
laß mich meine Weisheit finden:
Wie ein Krieger kämpfend
kühn ich selbst zu sein.

Hödur, zeige mir den Wandel der Zeit,
die Zeichen der Veränderung:
hilf mir wählen, meinem Leben,
meiner Wahrheit eine neue Form zu geben.

Hödur, leite mich zum Fluß des Lebens:
in Leichtigkeit ins Ungewisse zu schwimmen;
Ich selber stets ich selber bleibend
und doch ständig ein Neuer zu werden.

B Widar Odin-Sohn

I Widar in der germanischen Überlieferung

1. Der Name „Widar"

Der Name „Widar" oder „Vidarr" ist eine Substantiv-Bildung zu dem altnordischen Adjektiv „víða" für „weit; weit und breit; an vielen Orten", das von dem germanischen Wort „weida" für „weit" abstammt. Widar ist somit „der Weite".

In der Regel wird diese Bezeichnung des Widar mit „der weithin Herrschende" übersetzt. Die „Weite" wird in dieser Deutung als der Einflußbereich des Asen aufgefaßt.

Möglicherweise ist das zweite der beiden „r" am Ende des Namens nicht nur eine Maskulin-Endung, sondern das Wort „arr" für „Bote, Diener". Dann würde der Name „der weite Bote" bedeuten – was allerdings nicht allzuviel Sinn zu geben scheint. Die Endung könnte auch das „ar" für „früh, in früherer Zeit, uralt" sein, woraus sich dann die Bedeutung „die uralte Weite" ergibt.

Die Herleitung des Namens Widar von „vidr" für „Wald, Holz" ist zwar denkbar, aber unwahrscheinlicher, da sich Wald mit einem anderen „i" schreibt als Widar: „Víðarr" – „viðr".

Die Deutung von Widars Namen ist somit ein wenig unsicher, wobei die Variante „der Weite" oder „der weithin Herrschende" die wahrscheinlichste ist.

Ein solcher Name ist recht vielsagend, da sich für ihn eigentlich nur zwei einfache Deutungsmöglichkeiten ergeben. Widar könnte der weite Himmel sein oder eben ein Gott, der die Weite, d.h. alles beherrscht. Da sich bei den Germanen nirgendwo auch nur die kleinste Anspielung auf einen Himmelsgott findet (obwohl dieser bei den Indogermanen weit verbreitet ist), wäre die zweite Deutung vorzuziehen.

Die Bezeichnung eines Gottes als desjenigen, der die Weite, also die Welt beherrscht, ist letztlich ein Titel oder eine Umschreibung des Göttervaters, da eben dieser alles beherrscht.

Es wäre somit denkbar, daß Widar einst ein Aspekt des ehemaligen Göttervaters Tyr gewesen ist, der sich mit der Zeit verselbständigt hat. Eine ähnliche Entwicklungsgeschichte findet sich auch bei Heimdall und Ullr.

2. Der Ase Widar

2. a) Thulur

Snorri Sturluson zählt Widar in seinen Namens-Listen am Ende der Skaldskaparmal unter den Asen auf.

Namen der Asen:

Nun sage ich
die Asen-Namen:
Da sind Yggr und Thor
und Ingvifreyr,
Vidarr und Baldr,
Vali und Heimdallr,
da sind Tyr und Njördr,
dann nenne ich Braga,
Hödr, Forseti
und schließlich Loki.

2. b) Skaldskaparmal

Da kamen die Asen zu ihrem Gelage und zwölf der Asen, die da zu Richtern bestellt waren, setzten sich auf ihre Hochsitze. Dies sind ihre Namen: Thor, Niörd, Freyr, Tyr, Heimdall, Bragi, Widar, Wali, Ullr, Hönir, Forseti, Loki.

Widar ist einer der zwölf wichtigsten Asen, aber er gehörte nicht zu den ersten in dieser Aufzählung. Seltsamerweise fehlt Odin in dieser Aufzählung, obwohl er zur Zeit der Edda der Göttervater gewesen ist.

3. Odin und Widar

3. a) Grimnir-Lied

Es ist denkbar, daß der Odin-Name „Widr" („Widersacher, Gegner") mit dem Namen „Widar" identisch ist. Das würde auch erklären, warum Odin in der Asen-Aufzählung in der Skaldskaparmal fehlt: Er würde dann dort als „Widar" erscheinen – es wäre allerdings recht seltsam, daß er dort dann nicht als „Widar" am Anfang steht.

Odin:
„Grimnir hießen sie mich bei Geirröd,
Bei Asmund Jalk;
Kialar schien ich, da ich Schlitten zog;
Thror dort im Thing;
Widr den Widersachern;
Oski und Omi, Jafnhar und Biflindi,
Göndlir und Harbard bei den Göttern."

3. b) Lokasenna

Widar ist als Odins Sohn aufgefaßt worden:

Ägir, der mit andrem Namen Gymir hieß, bereitete den Asen ein Gastmahl, nachdem er den großen Kessel erlangt hatte, wie eben gesagt ist. Zu diesem Gastmahl kam Odin und Frigg, sein Weib. Thor kam nicht, denn er war auf der Ostfahrt. Sif war zugegen, Thors Weib, desgleichen Bragi und Idun seine Frau. Auch Tyr war da, der nur eine Hand hatte, denn der Fenriswolf hatte ihm die andre abgebissen, als er gebunden wurde. Da war auch Niörd und Skadi, sein Weib, Freyr und Freyja, und Widar, Odins Sohn. Auch Loki war da und Freyrs Diener Byggwir und Beyla. Da waren noch viele Asen und Alfen.

3. c) Thulur

Wie in der Lokasenna erscheint Widar auch in dieser Liste als Odins Sohn:

Namen der Odins-Söhne:

Dies sind Odins Söhne:
Baldr und Meili,
Vidarr und Nepr,
Vali, Ali,
Thor und Hildolfr,
Hermodr, Sigi,
Skjöldr, Ingvifreyr
und Itreksjod,
Heimdallr, Sämingr,
Hödr und Bragi.

4. Die Widar-Mythe

4. a) Skaldskaparmal

Unterwegs nahm Thor Herberge bei einem Riesenweib, das Grid hieß. Sie war die Mutter Widars des Schweigsamen. Sie sagte dem Thor die Wahrheit über Geirröd, er sei ein hundweiser und übel umgänglicher Jötun. Auch lieh sie ihm ihren eigenen Stärkegürtel und ihre Eisenhandschuhe und ihren Stab, Gridarwöl genannt.

Widars Mutter ist die Riesin Grid („Gier"), die offenbar eine Zauberin ist, da sie einen Stab besaß, der das Merkmal der Seherinnen gewesen ist. Auch Odin besaß einen solchen Stab, wie im Wegtam-Lied beschrieben wird.

Es wäre somit nicht verwunderlich, wenn auch Widar magische Kräfte besitzen würde.

Da die Riesinnen in der germanischen Mythologie vor allem eine in Ansätzen dämonisierte Form der Große Mutter im Jenseits sind, mit der sich die Toten bei der Wiederzeugung vereinen, die dann zu ihrer Wiedergeburt führt, scheint diese Herkunft des Widar darauf hinzuweisen, daß es sich bei ihm um einen wiedergeborenen Gott handelt, d.h. daß er die Wiedergeburt eines anderen Gottes ist. Dieser Gott wäre dem Namen des Widar zufolge der Göttervater selber – also Tyr und später dann Odin.

Die Schweigsamkeit des Widar könnte einen rituellen Bezug haben, aber sie könnte auch eine Entsprechung zu der Blindheit des Asen Hödur und dem „toten Auge" des Odin haben, die beide ein Hinweis auf die Verbindung des betreffenden Gottes mit dem Jenseits sind.

Widar wäre dieser Deutung zufolge der Sonnengott-Göttervater Tyr, der am Morgen von der Riesin Grid wiedergeboren aus dem Jenseits zurückkehrt.

Die „Weite", nach der Widar benannt worden ist, könnte sich in dieser Deutung auch darauf beziehen, die Sonne auf die Weite, d.h. auf alle Dinge scheint – „Sol omnibus lucet", wie es im Lateinischen heißt: „Die Sonne scheint für alles." Diese Deutung ist jedoch eher fraglich.

4. b) Grimnir-Lied

In diesem Lied wird berichtet, daß Widar der Sohn des Odin ist und daß er den Tod seines Vaters durch den Fenris-Wolf rächt.

Mit Gesträuch begrünt sich und hohem Grase
Widars Land Widi.
Da steigt der Sohn auf den Sattel der Mähre
Den Vater zu rächen bereit.

Widars Land „Widi" heißt „das Weite". Der bisherigen Deutung dieses Asen zufolge wäre dieses weite Land die Welt als Ganze.

Widar als Sohn des Odin paßt gut zu der bisherigen Deutung, da Odin in der germanischen Mythologie der Nachfolger des ehemaligen Göttervaters Tyr ist. Er scheint somit nicht nur die Namen und Eigenschaften des ehemaligen Göttervaters übernommen zu haben, sondern auch dessen Wiedergeburt „geerbt" zu haben. Auch Tyr selber und Tyr-Heimdall sind zu Odins Söhnen umgedeutet worden.

Dazu paßt auch gut, daß Odin des öfteren zu den Riesinnen gezogen und sich mit ihnen vereint hat – dieses Motiv ist aus der nächtlichen Wiederzeugung des Sonnengott-Göttervaters in der Unterwelt mit der großen Mutter entstanden. Diese Jenseitsgöttin ist als Geliebte in der Edda vor allem als Freya wiederzufinden. Der Todes-Aspekt dieser Göttin hat sich abgespalten und ist zu der Riesin Hel geworden.

Auch Odin besitzt einen Zauberstab. Dieser Stab wird u.a. im Wegtams-Lied besungen:

Da ritt Odin ans östliche Tor,
Wo er wußte den Hügel der Wala.
Das Wecklied begann er der Weisen zu singen,
(Nach Norden schauend schlug er mit dem Stabe,
Sprach die Beschwörung Bescheid erheischend)
Bis gezwungen sie aufstand Unheil verkündend.

4. c) Odins Rabenzauber

Manchmal wird auch Odin „Widar" genannt – wobei es sehr schwer zu unterscheiden ist, ob der Gott „Widar" oder Odins Beiname „Widr" gemeint sind.

Widar wählte den
Wächter der Brücke,
den Gjallar-Bläser,
um die Trägerin

von Gjallars Sonne zu befragen,
was sie von den Weltgeschicken weiß.
Ihn geleiten als Zeugen
Loptr und Bragi.

Aus dem Zusammenhang in diesem Lied ergibt sich, daß Widar Odin sein muß. Die Verwendung des Namens „Widar" für „Odin" ließe sich dadurch am einfachsten erklären, daß Widar der wiedergeborene Odin (Tyr) ist.

Auch das Fehlen des Odin in den beiden anfangs angeführten Götterlisten könnte auf diese Weise erklärt werden, da Widar in ihnen erscheint. Allerdings sollte man, wenn diese Entstehungsweise des Widar den Germanen noch ganz bewußt gewesen sein sollte, eigentlich Widar an der ersten Stelle der Liste erwarten. Vielleicht fand zu der Zeit, die die Mythen in der Edda darstellen, gerade ein Umbruch in den Mythen statt.

Widar als Sohn des Odin und der Grid paßt gut in die bisherige Deutung dieses Asen.

4. d) Gylfis Vision

Widar heißt einer, der auch der schweigende Ase genannt wird. Er hat einen dicken Schuh, und ist der stärkste nach Thor. Auf ihn vertrauen die Götter in allen Gefahren.

Hier finden sich gleich mehrere neue Aussagen. Daß Widar der stärkste Ase nach Thor ist, klingt so, als ob er einst auch einmal der stärkste Ase gewesen sein könnte. Zumindestens paßt diese Qualität gut dazu, daß Widar „weithin herrscht". Man sollte auch generell davon ausgehen können, daß der Göttervater bzw. seine (mit ihm identische) Wiedergeburt der stärkste Gott ist – evtl. lediglich von dem Donnergott übertroffen, da dieser einen endlosen Kampf gegen die Riesen und gegen die

Riesenschlange führt.

Das Vertrauen, daß die Götter in allen schwierigen Situationen in ihn setzen, klingt so, als ob Widar eine Mischung aus Odin und Thor sei. Auch dieses Vertrauen würde gut zu einem Göttervater passen. Leider wird nichts näheres zu den „schwierigen Situationen" gesagt.

Wenn „Widar" einst ein Beiname des Tyr gewesen sein sollte, dann wird er bei der Absetzung des Tyr als nordgermanischer Göttervater durch Thor und Odin um 500 n.Chr. in der Rangliste der stärksten Asen auf Platz zwei hinter Thor gerutscht sein.

Der „dicke Schuh" des Widar ist an dieser Stelle zunächst unverständlich, aber dieses Motiv wird an einer Stelle in „Gylfis Vision" näher erläutert, die im nächsten Abschnitt folgt.

4. e) Gylfis Vision

Der Wolf verschlingt Odin und das wird sein Tod. Alsbald kehrt sich Widar gegen den Wolf und setzt ihm den Fuß in den Unterkiefer. An diesem Fuß hat er den Schuh, zu dem man alle Zeiten hindurch sammelt, die Lederstreifen nämlich, welche die Menschen von ihren Schuhen schneiden, wo die Zehen und Fersen sitzen.

Darum soll diese Streifen ein jeder wegwerfen, der darauf bedacht ist, den Asen zu Hilfe zu kommen.

Mit der Hand greift Widar dem Wolf nach dem Oberkiefer und reißt ihm den Rachen entzwei und das wird des Wolfes Tod.

Das Motiv des besonderen oder des fehlenden Schuhes gehört in den indogermani-schen Mythen zu dem Sonnengott. Es ist aber auch darüber hinaus auch bei anderen Völkern, die wie die Indogermanen von den frühen mesopotamischen Ackerbauern abstammen (wie z.B. bei den Ägyptern), zu finden.

Aus dem Schuh-Motiv, das zu der Sonne als Wanderer gehört, haben sich u.a. bei den Kelten die Auffassung des Sonnengottes als eines Schusters und das Märchen Aschenputtel (verlorener Schuh), das es in sehr ähnlicher Form schon bei den alten Ägyptern gab, entwickelt.

Der Sonnengott wurde in den Mythen zunächst als Wanderer, dann als Bootsfahrer, danach als in einem zweispännigen Streitwagen stehend und schließlich als Reiter aufgefaßt.

Bei den Germanen finden sich diese Motive bei verschiedenen Gottheiten wieder:

Das „Fahrzeug" des Sonnengottes	
„Fahrzeug"	*Gottheiten*
zu Fuß	Widar mit dem dicken Schuh
Schiff	Odin als Jenseitsfährmann (Harbard-Lied)
zweispänniger Streitwagen	frühgermanische Felsritzungen in Skandinavien, Hügelgrab von Kivik zweispänniger Wagen der Sonne mit den Pferden Arwakr und Alswid vermutlich auch Tyr
ein Pferd (Reiter)	Odin auf dem „Doppelpferd" Sleipnir

Auch Widars Schuh spricht dafür, daß Widar aus dem ehemaligen Sonnengott-Göttervater Tyr entstanden ist.

Der Jenseitsreise-Schuh aus den Lederresten der Schuhmacher erinnert an das Jenseitsreise-Schiff Naglfari, das aus den abgeschnittenen Finger- und Fußnägeln der Toten besteht. Auch das Schiff Naglfari könnte aus den Tyr-Mythen stammen und die umgedeutete Sonnenbarke sein.

4. f) Der Seherin Vision

Nicht säumt Siegvaters erhabner Sohn
Mit dem Leichenwolf, Widar, zu fechten:
Er stößt dem Hwedrungssohn den Stahl ins Herz
Durch gähnenden Rachen: so rächt er den Vater.

Die einzige neue Qualität, die hier über Widar berichtet wird, ist, daß er „erhaben" ist – was zwar keine sehr differenzierte Aussage ist, aber immerhin mit der Auffassung des Widar als wiedergeborener Göttervaters übereinstimmt.

Möglicherweise ist die Rache des Widar an dem Fenris-Wolf auf dieselbe Weise entstanden wie das Abbeißen der Hand des Tyr durch Fenrir: Ursprünglich ist Fenrir die Wolfskrieger-Gestalt des Tyr gewesen, aber nach der Absetzung des Tyr als Göttervater sind Tyr/Widar und Fenrir zu Feinden umgedeutet worden, um gleich beiden ihre Macht zu nehmen.

4. g)   Gylfis Vision

Snorri Sturluson berichtet über die Zeit nach dem Ragnarök das folgende:

Da sprach Gangleri: „Leben denn dann noch Götter und gibt es noch eine Erde oder einen Himmel?"

Har antwortete: „Die Erde taucht aus der See auf, grün und schön, und Korn wächst darauf ungesäht. Widar und Wali leben noch, weder die See noch Surturs Lohe hatte ihnen geschadet. Sie wohnen auf dem Idafeld, wo zuvor Asgard war.

Auch Thors Söhne, Modi und Magni, stellen sich ein und bringen den Miölnir mit. Danach kommen Baldur und Hödur aus dem Reiche Hels: Da sitzen sie alle beisammen und besprechen sich und gedenken ihrer Heimlichkeiten, und sprechen von Dingen, die vordem sich ereignet, von der Midgardschlange und dem Fenriswolf. Da finden sie im Grase die Goldtafeln, welche die Asen besessen haben."

Nach dem Ragnarök treffen die Söhne der Götter (Widar, Vali, Modi, Magni) bzw. die wiedergeborenen Götter (Baldur, Hödur) auf dem Idafeld wieder zusammen.

Widar und Vali sind die zwei Söhne des Odin; Modi und Magni sind die beiden Söhne des Thor. Baldur und Hödur sind das Gegensatzpaar von Sommer und Winter, Diesseits und Jenseits.

Das Auftreten des Widar nach dem Ragnarök ist ein sehr deutlicher Hinweis darauf, daß es sich bei ihm um einen wiedergeborenen Gott handelt.

Da der Ragnarök ursprünglich ein zyklischer Vorgang gewesen ist, paßt auch dieser Aspekt zu dem in jeder Nacht bzw. in jedem Winter in die Unterwelt reisenden Sonnengott-Göttervater.

Es ist auffällig, daß nirgendwo in den Berichten über den Ragnarök etwas über das Schicksal der Asinnen gesagt wird. Vermutlich liegt dies daran, daß sie im Wesentlichen die Große Mutter im Jenseits waren und als solche nicht den zyklischen Vorgängen im Diesseits unterlagen.

4. h)   Wafthrudnir-Lied

Gangrad (Odin)*:*
„Viel erfuhr ich, viel versucht ich,
Befrug der Wesen viel.
Wer waltet der Asen des Erbes der Götter,
Wenn Surturs Lohe losch?"

Wafthrudnir (Tyr):
„ Widar und Wali walten des Heiligtums,
Wenn Surturs Lohe losch.
Modi und Magni sollen Miölnir schwingen
Und zu Ende kämpfen den Krieg. "

In diesem Lied wird noch einmal bestätigt, daß Widar zu den „Göttersöhnen des neuen Zyklus" gehört.

4. i) Lokasenna

Widar erscheint zwar auch in der Lokasenna, aber dort wird nichts über seinen Charakter ausgesagt.

Loki:
„ Gedenkt Dir, Odin, wie in Urzeiten wir
Das Blut mischten beide?
Du gelobtest, nimmer Dich zu laben mit Trank,
Würd er uns beiden nicht gebracht. "

Odin:
„ Steh denn auf, Widar, dem Vater des Wolfs
Sitz zu schaffen beim Mahl,
Daß länger Loki uns nicht lästere
Hier in Ägirs Halle. "

Da stand Widar auf und schenkte dem Loki ein.

4. j) Skaldskaparmal

„ Wie soll man Widar umschreiben? "
„ Er kann der schweigsame Gott genannt werden, der Besitzer des eisernen Schuhes, Feind und Töter des Fenris-Wolfes, Rächer der Götter, Göttlicher Bewohner der Wohnstätten der Väter, Sohn des Odin, Bruder der Asen. "

In dieser Liste von Widar-Kenningarn finden sich einige neue Merkmale des schweigsamen Asen.

Zunächst einmal wird berichtet, daß der Schuh des Widar, den er dem Wolf in dessen Rachen tritt, aus Eisen besteht. „Eisen" ist wie die Blindheit und die Zahl „9" ein „mythologisches Adjektiv" mit der Bedeutung „zum Jenseits gehörend" gewesen, da man die eisenhaltigen Meteoriten als vom Himmel heruntergefallene Brocken aufgefaßt hat – das (Himmels-)Jenseits war also aus Eisen gefertigt worden …

Widars Bezeichnung als „Rächer der Götter" scheint darauf hinzuweisen, daß er nicht nur seinen Vater Odin, sondern auch noch andere Asen gerächt hat. Dies würde gut zu dem wiedergeborenen Sonnengott-Göttervater Tyr passen, der schließlich in jedem Frühjahr seinen im Herbst durch Loki getöteten „Vater" (d.h. sich selber) an dem während des Winters herrschenden Loki rächt.

Widars Kenning „Bruder der Asen" scheint in dieselbe Richtung zu weisen. Da er nicht der leibliche Bruder aller Asen ist, muß diese Kenning wohl als „Beschützer der Asen" o.ä. aufgefaßt werden. Vielleicht wird er hier aber auch nur ungenau als „Halbbruder des Thor, des Tyr, des Baldur und des Heimdall" bezeichnet.

Die Widar-Kenning *„Göttlicher Bewohner der Wohnstätten der Väter"* könnte sich einfach auf das Idafeld nach dem Ragnarök beziehen. Der Umstand, daß Widar allerdings explizit so genannt wird, macht den Eindruck, als ob er der einzige, der erste oder der wichtigste der Götter in diesen Wohnstätten der Vorväter sei. Dies würde wieder bestätigen, daß er der wiedergeborene Göttervater ist.

4. k) Thorwald-Kreuz

Widar

Auf diesem christlichen Kreuz auf der Ilse of Man, das einige germanische Motive enthält, ist der Ase Widar abgebildet, der gerade seinen Schuh dem Fenrir-Wolf ins Maul tritt.

Mit seiner linken Hand greift Widar nach dem Kopf des Fenrir.

In seine rechten Hand hält er einen Speer, mit dem er nach dem Wolf sticht.

Über Widar ist ein Adler zu sehen. Der Adler bestätigt noch einmal die Deutung des Widar als wiedergeborener Tyr, da der Adler der Seelenvogel des Göttervaters Tyr bzw. später dann des Odin ist.

4. l) Das Kreuz von Gosforth

Um ca. 950 n.Chr. errichteten die Angelsachsen in Gosforth in der Grafschaft Cumbria in Nordwest-England ein hohes steinernes Kreuz, auf dem sich auch einige Szenen aus den germanischen Mythen finden. Auch auf ihnen ist der Kampf zwischen Widar und dem Fenris-Wolf, der hier jedoch zu einer Art „zweifacher Schlange" geworden ist, abgebildet.

Der Ase hält ins einer rechten Hand einen Speer, den er allerdings nicht zum Kämpfen benutzt. Da Widar der wiedergeborene Odin-Tyr ist, ist dies möglicherweise der Speer Gungnir des Odin.

Falls es eine eindeutige Zuordnung des „dicken Schuhes" des Widar zu einem seiner Füße gegeben haben sollte, wäre dies sein linker Fuß. In den Mythen, Sagen und Märchen über den verlorenen oder den besonderen Schuh gibt es ansonsten keinerlei Hinweis darauf, zu welchem der beiden Füße der „eiserne Schuh" gehört.

Widar und der Fenris-Wolf

4. m) Geisli

Auch in dem Lied „Geisli" des Skalden Einarr Skulason wird in einer Schwert-Kenning über den Fenris-Wolf berichtet:

Gaumen-Sperre des Nachkommen des Wolfes

Dieser Kenning liegt eine Szene aus der Jugend des Fenrir zugrunde: Nach seiner Fesselung durch die Asen wurde ihm von ihnen ein Schwert in das aufgerissene Maul gesteckt, sodaß er sein Maul nicht mehr schließen konnte. Zuvor hatte Fenrir dem Tyr bei der Fesselung seine Hand abgebissen.

Diese Szene ist ein dreifache Umdeutung der früheren Tyr-Mythe:

Fenrir ist einst die Wolfskrieger-Gestalt des Tyr gewesen und wurde bei der Absetzung des Tyr als Göttervater zu seinem Feind umgedeutet, der in seiner Jugend nur von Tyr gefüttert werden konnte.

Die Hand, die Fenrir dem Tyr abbeißt, ist ursprünglich die Hand gewesen, die Loki dem Tyr bei dessen Ermordung abgeschlagen hat.

Das Schwert in Fenrirs Maul ist schließlich das Schwert des Tyr, das dieser bei seinem Tod verlor bzw. das bei seinem Tod zerbrach (und dann von Tyr-Wieland im Jenseits neu geschmiedet wurde).

65

Die Umdeutung mehrerer Motive aus einem älteren Zusammenhang (Tyr, Hand, Fenrir, Schwert) als Feinde voneinander ist die effektivste Methode, um den alten Zusammenhang zu zerstören. Dies ist ein allgemein gut bekanntes und bewährtes Prinzip – auch in der Politik: „Teile und herrsche." Oder wie die Römer sagten: „Divide et impera."

Die Tötung des Fenrir durch Widar mit dem „Stahl", also vermutlich einem Schwert, wäre dann ein weiteres derartiges, umgedeutetes Motiv aus den alten Tyr-Mythen: Tyr-Widar tötet sich selber in der Gestalt des Wolfskriegers Fenrir.

4. n) Die Goldhörner von Gallehus

Gallehus-Horn

Auf einem der beiden Goldhörner ist der symbolische Tod des Jenseitsreisenden (Mann mit zwei Schwertern) sowie der Beginn der Reise zu sehen (Mann zeigt auf seinen Fuß).

Dieses Zeigen auf den Fuß bezieht sich recht sicher auf die Wanderung des ehemaligen Sonnengott-Göttervaters Tyr über die „Himmels-Weite" und somit auch auf Widar.

4. o) Brakteaten

Brakteaten sind dünne Goldplättchen, die mit verschiedenen Bildern geprägt waren und die in der Zeit von 400 n.Chr. bis 600 n.Chr. von den Germanen als Amulette verwendet wurden. Auf drei von ihnen findet sich ein Fuß-Motiv, das mit Widar zusammenhängen könnte.

Links: Mann zeigt mit Speer auf seinen Fuß (?)
Mitte: „tanzender Mann" mit Hantelsymbol (?)
rechts: Seelenvogel (?)

„Tänzer"

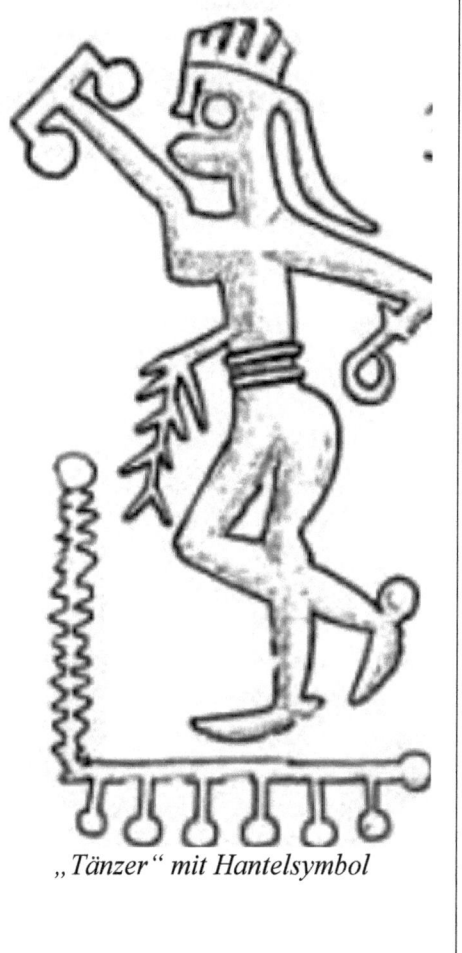

„Tänzer" mit Hantelsymbol

Das „Hantelsymbol" stellt Diesseits (Kreis) und Jenseits (der andere Kreis) und deren Verbindung dar (siehe „Hantelsymbol" in Band 55). Auch dieses Symbol spricht für die Deutung des „Mannes mit dem betonten Fuß" als Widar. Da die Absetzung des Tyr durch Thor und Odin um 500 n.Chr. gerade in die Zeit der Brakteaten fällt, die von 400-600 n.Chr. gedauert hat, ist es gut möglich, daß auf diesen drei Brakteaten Tyr zu sehen ist, der allmählich zu Widar umgedeutet wird.

4. p)   Runenstein von Ledberg

Runenstein von Ledberg

Auf diesem Runenstein aus Südost-Schweden sind zwei bärtige Krieger mit Helm und ein Wolf zu sehen. Da der obere der beiden Krieger mit seinem Fuß im Maul des Wolfes steht, wird dies Widar sein, der Fenrir tötet.

Es wäre denkbar, daß der untere Krieger der zuvor von Fenrir getötet Odin, der Vater des Widar, ist – aber das ist sehr unsicher.

Dieser untere Krieger hat keine Beine – ob dies Absicht ist oder ob sie von dem Steinmetz für unwichtig erachtet worden sind, ist nicht ganz sicher. Falls es sich hier um ein beabsichtigtes Detail handeln sollte, könnte die untere Gestalt auch Tyr sein, da die fehlende Gliedmaßen zu den Mythen dieses Gottes gehören (siehe dazu auch die Kapitel „Fuß" in Band 63).

4. q)   Kirchliches Utiseta-Verbot von 650 n.Chr.

Um 650 n.Chr. wurden zwei Verbote erlassen, das deutlich zeigen, warum die Germanen „Lichter", Brot und andere Opfergaben an die Kreuzwege brachten:

„Verbietet die Nachbildung von Füßen, die sie an Kreuzwege stellen, und verbrennt sie mit Feuer, wo ihr sie antrefft; durch keine andere Weise könnt ihr gesund werden wie durch Anrufen und das Kreuz Christi."

„Legt nicht aus Holz gemachte Glieder an Kreuzwege oder Bäume nieder, denn sie können euch keine Heilung verschaffen."

Es ist gut denkbar, daß diese Nachbildungen von Füßen an Kreuzwegen sich auf den Sonnengott-Göttervater als Wanderer bezogen haben. Diese Füße wären dann vermutlich mit Widars eisernem Schuh und auch mit dem keltischen Sonnengott-Schuhmacher Lug verwandt.

Das zweite der beiden Verbote zeigt zwar, daß die künstlichen Glieder vor allem Teil eines Heilungszaubers waren, aber das ausdrückliche Verbot der hölzernen Nachbildung von Füßen ist auffällig, da es vermutlich nicht überproportional viele Fußverletzungen und Fußkrankheiten gegeben haben wird, durch die die Füße eine solche gesonderte Erwähnung erlangt haben könnten.

5.   Zusammenfassung

Widar erscheint als einer der zwölf wichtigsten Asen. Er ist der Sohn der zauberkundigen Riesin Grid und des ebenfalls zauberkundigen Odin. Beide seiner Eltern besitzen einen Stab, der allgemein die Bedeutung der Verbindung von Diesseits und Jenseits hat und somit die Fähigkeit zur Ausübung von Magie verkörpert.

Es erscheint somit wahrscheinlich, daß auch Widar zauberkundig ist und mit der Verbindung zwischen den beiden Welten assoziiert wurde. Dafür spricht auch das Hantelsymbol (Jenseitsreise-Symbol) in der Hand zweier „Tänzer" auf den Brakteaten.

Widar ist der wiedergeborene Sonnengott-Göttervater Odin-Tyr. Dies zeigt sich an vielen Stellen:

- Sein Name bedeutet „der Weite" (= Himmel);
- er ist der Sohn des Göttervaters Odins;

- Odin selber konnte ebenfalls „Widar" genannt werden;
- Widar trug den Beinamen „erhabene Ase";
- Widars Reich ist die „Weite" bzw. das „weite Land", d.h. die ganze Welt oder der Himmel;
- er ist der zweitstärkste Ase nach Thor;
- die Götter vertrauen auf ihn in allen Gefahren;
- er ist allgemein der „Rächer der Götter";
- er ist der „Bruder der Asen", d.h. wohl ihr Beschützer; und
- er ist der „göttliche Bewohner der Wohnstätten der Väter".

Widars dicker, eiserner Schuh, dem alle Schuster Lederstücke spenden, kennzeichnet ihn als Himmelswanderer, d.h. als Sonnengott. Der Göttervater der Indogermanen hatte viele Charakterzüge eines Sonnengottes, da man seine Wiedergeburt vor allem mit dem Sonnenaufgang verglich. Als wiedergeborener Sonnengott-Göttervater lebte Widar nach dem Ragnarök weiter.

Der zyklische Vorgang der Sonnenauf- und -untergänge findet sich in den Mythen des Widar als das Töten des Odin durch den Fenris-Wolf am Abend bzw. im Herbst und als das Töten des Fenris-Wolfes durch Widar am Morgen bzw. im Frühling wieder.

Widars Charakterisierung als „schweigsam" ist vermutlich wie das „Eisen" seines Schuhes ein Hinweis auf seinen Aufenthalt im Jenseits.

II Das Aussehen des Gottes Widar

Über das Aussehen des Widar wird kaum etwas gesagt. Sein einziges Merkmal ist sein Schuh, der entweder besonders dick oder aus Eisen ist. Vermutlich war Widar ein Schwertgott, da er eine Umdeutung des Tyr ist und den Fenris-Wolf mit dem „Stahl" tötet.

III Die Vorgeschichte des Gottes Widar

Die indogermanischen Wurzeln des Gottes Widar werden in dem Kapitel „Fuß, Zeh, Schuh" in Band 63 beschrieben, da das einzige markante Merkmal des Widar sein eiserner Schuh ist.

70

Als umgedeuteter ehemaliger Sonnengott-Göttervater Tyr findet sich Widars Vorgeschichte auch in dem Band 3 über Tyr.

IV   Die heutige Bedeutung des Widar

Eine spezielle Bedeutung des Widar in der heutigen Zeit ist zunächst nicht ersichtlich – außer vielleicht der Zuversicht, daß man auch dann, wenn man eine gute Position („Göttervater") verloren hat, dennoch auf eine andere Weise gut weiterleben kann.

Eine bestimmte magische oder spirituelle Methode ist nicht mit Widar verbunden. Das Schweigen des Asen läßt sich nur vage mit Meditationen assoziieren, da dieses Schweigen vermutlich ein Hinweis auf den Aufenthalt des Widar in der Unterwelt darstellt – und Meditationen ein Zugang zu der „inneren Welt" sind, die letztlich mit dem Jenseits identisch ist.

V   Traumreise zu Widar

„Widar, ich möchte Dich gerne kennenlernen."

„Warum?"

„Ich möchte gerne die germanischen Mythen verstehen – was da geschehen ist."

„Warum willst Du das?"

„Weil ich finde, daß diese germanischen Mythen ein Teil unserer Kultur heute sind, und wenn ich die Wurzeln besser verstehe, versteh ich auch unsere Kultur besser – und damit auch mich selber."

„Gut."

Stille ... ich spüre zu Widar hin und sehe ihn schemenhaft. Ich empfinde Widar als sehr standhaft und fest – irgendwie fast wie eine Festung. Er ist eher dunkel, aber nicht düster oder bedrohlich.

„Widar, möchtest Du mir etwas sagen oder zeigen?"

„Was möchtest Du denn sehen?"

„Dinge, die mir helfen, Dich zu verstehen."

Ich sehe ein Schwert, das vor mir in der Luft schwebt – Griff unten, Spitze oben. Es hat eine intensive Ausstrahlung.

„Ist das Tyrs Schwert?"

„Ja."

„Ist das das Schwert, das Fenrir ins Maul gesteckt bekam?"

Längere Pause ...

„Warum kommt keine Antwort?"

Pause ...

„Fühle."

Da ist Trauer und Wut und ... Ärger ...

Tiefer Seufzer ...

„Sind das Deine Gefühle, Widar?"

„Was glaubst Du, was geschieht, wenn man abgesetzt wird?"

„Hm ... ..."

Pause ...

„Darf ich dieses Schwert mal in die Hand nehmen?"

Ich scheine zu dürfen ... ich tue es ...

Es zuckt in meiner Hand ... das ist wie ... geladen ... also nicht wirklich elektrisch, aber so ähnlich ... hm ... ...

„Widar?"

„Ja?"

Ich suche eine Weile nach den rechten Worten ...

„Ich hab das Gefühl, daß hier irgendwas undeutlich ist oder was fehlt, daß ich irgendein Element noch nicht sehe."

Längere Pause ...

„Kannst Du mir das fehlende Element zeigen? Stimmt das so?"

Wieder eine Pause ...

Da kommt wie ein Brüllen ganz tief unten aus der Erde ... oder aus dem Bauch ... Das fühlt sich wie Rachegelüste an ...

„Ist das die Szene nach Odins Tod?"

Pause ...

„Schweige und fühle."

Ich spüre in mich hinein.

„Da fehlt was bei mir? ... Eine Haltung in der Welt? ... So ein festes, klares Daste-hen ... ein Raum-Einnehmen ... Verhalte ich mich so wie der abgesetzte Tyr?"

„Du lebst noch gebremst."

„Hm ... könnte sein. ... Und das ist das, was Du offenbar kennst?"

„Nunja ... als abgesetzter Tyr ..."

„Und ist das wirklich Dein Kern?"

„Nein. Im Kern bin ich die Sonne und die Wiedergeburt und der Krieger."

Tiefer Seufzer ...

„Ist mein Verständnis von Dir und von Tyr zutreffend?"

„Ja."

Pause ... dann wieder ein tiefer Seufzer ... lange Pause ...

„Hm ..."

Ich spüre in mich hinein, zu Widar hinüber und suche nach dem Weg ...

„Kannst Du mir sagen, wie ich zu dieser Haltung komme, die Du mir gerade ge-zeigt hast – dieses ... ja ... dieses strahlende, aufrichtige sich-Zeigen und in der Öffentlichkeit dastehen?"

„Willst Du das lernen?"

„Ja, das fühlt sich ... das fühlt sich richtig an. ... Ja, das tut es ..."

Ich warte auf eine Antwort ...

„Dann werde ich es Dir zeigen."

„Jetzt? Oder einfach in meinem Leben?

„In Deinem Leben."

Pause ...

„Gibt es sonst noch etwas, was Du mit zeigen möchtest oder mir sagen möchtest, Widar?"

„Ich zeige es Dir durch Erlebnisse."

„Gut ... gerne. ... ... Und gibt es etwas, wovon Du noch möchtest, das es über Dich in dem Buch steht, das ich über Dich schreibe?"

„Verzagt nie. Wenn ihr fallt, steht wieder auf. Macht aus dem, was da ist, wo ihr seid, stets das Beste. ... Dann ist es gut."

Pause ...

„Danke, Widar!"

„Bitte."

Pause ...

„Hm ... ... Da ist noch was?"

„Ja."

Pause ...

„Ist es schon Zeit für mich, das zu erkennen?"

„Wart es ab – es wird sich schon zeigen."

„Danke."

Ich kehre jetzt zurück.

„Ho!"

VI Hymne an Widar

1. An Widar

Ase mit dem Adler-Seelenvogel:
aufrechter Kämpfer aus Asgard;
Gridars Sohn und Odins Erbe:
der mit dem Lederschuh aus Lederresten.

Eisenschuh-Ase, erhabener Gott,
empor führt Dein Weg am Himmel;
Hantel-Tänzer, hehrer Schützer,
hinab führt Dein Weg zur Hel.

König der Weite der Himmelswogen:
Deine Klinge leuchtet hoch oben;
Bewohner der Wohnstätten der Väter:
Du bewahrst die rechte Ordnung.

Asgards schweigsamster Ase,
auf Dich vertraue ich auf meinem Weg.
Fenrir-Töter mit dem starken Fuß,
ich verlasse mich stets auf Dich.

Widar Himmels-Wanderer,
weihe mich zum Krieger!
Rat-reicher Rächer der Regin,
rüste mich zum Streit!

Starker Ase, standfester Reiter,
stets aufrichtig zu sein ist mein Ziel!
Tapferster Ase, tiefschauender Gott:
Treue zu mir selber ist das, was ich will.

C Bragi Odin-Sohn

I Bragi in der germanischen Überlieferung

1. Der Name „Bragi"

Der Name dieses Asen ist mit verschiedenen altnordischen Worten verwandt:

- „Bragda" bedeutet „sich bewegen". Davon abgeleitet ist ein „bragd" eine plötzliche, schnelle Bewegung. Ein „braga" ist ein Flackern von Licht – von einer Fackel, von einem Feuer oder auch vom Nordlicht.
- Von dieser Grundbedeutung leitet sich das Adjektiv „bragd" ab, daß „geschickt, listig, hinterhältig" und sogar „giftig" bedeuten kann.
- Da sich derjenige, der diese „bragd"-Qualität besitzt, am besten durchsetzen kann, wird er schließlich zu einem „bragr", d.h. zu einem „Besten" und einem „Ersten": ein Fürst.
- Das beständige Handeln mit „bragd"-Geschick führt letztendlich dazu, daß der Betreffende ein „bragnar", d.h. ein Held wird.
- Da auch das Zusammenfügen von Worten zu Gedichten viel Geschick erfordert (insbesondere bei den komplexen Regeln der germanischen Dichtkunst), ist auch ein Skalde ein „Bragi".

Es ist möglich, daß es zu diesen Bedeutungen noch eine weitere Assoziation gegeben hat, die sich aus einem der indogermanischen Worte für „Priester" ergibt.

Das indogermanische Wort für „bringen, tragen" lautete „bher". Da der Priester vor allem die Opfergaben zum Altar trägt, ergab sich daraus das die Bezeichnung „bhertor", also „Träger" für den Priester. Dieses Wort findet sich z.B. im Umbrischen (eine frühitalische Sprache) „ars-fertur", was wörtlich „Opfer-Träger" bedeutet (das „bh" ist zu einem „f" geworden), im Avestischen (Frühpersischem) als „fra-beretar", was ebenfalls „Opferträger" bedeutet und im Keltischen „ad-opair" mit wieder derselben Bedeutung.

Aus der Kombination der indogermanischen Worte „bher" für „bringen" und „munus" für „Mensch" entstand das Wort „bhlagmen" für „der, der etwas (das Opfer) bringt". Aus diesem Wort sind die Sanskrit-Bezeichnung „Brahmane", das altpersische „brazman", das messapische (altitalienische) „blamini" und das lateinische „flamen" (das „bh" ist zu einen „f" geworden) entstanden.

Das germanische Verb „bragda" für „schnelle, plötzliche Bewegung" stammt von dem indogermanischen Verb „bherg" für „bringen, tragen" ab. Es wäre durchaus denkbar, daß sich daneben auch die Bedeutung „Priester" des indogermanischen Substantivs „bhertor" und das mit ihm verwandten „bhlagmen" erhalten hat und eine Wurzel des Götternamens „Bragi" gebildet hat.

Es ist unsicher, ob der Begriff „bragr" erst durch „Bragi der Alte" (835-900 n.Chr.), den Erfinder der höfischen Gedichtsform, auch zu einer Bezeichnung für die Dicht-kunst wurde, oder ob auch die einfacheren Formen der Dichtkunst bereits vorher „bragr" genannt worden sind.

Der Priester und der Dichter, also der Sänger, der die in Liedform verfaßten mytho-logischen und historischen Berichte auswendig lernte und vortrug, ist damals den Indogermanen dieselbe Person gewesen. Daher wäre es gut denkbar, daß „Bragi" eine Einengung der Bedeutung „Priester" auf „Dichter" gewesen ist. „Bragi" wäre dann mit dem indischen „Brahmane" verwandt.

Es ist natürlich auffällig, daß gerade Bragi der Alte als der Begründer der höfischen Dichtkunst der Germanen den Namen „Bragi" trug. Es wäre natürlich prinzipiell denkbar, daß „Bragi" ein Ehrentitel gewesen ist – aber darauf weist nichts hin, denn Beinamen konstruierten die Germanen anders und unterschieden sie auch deutlich von dem Eigennamen einer Person. Zudem hat „Bragi" auch den Beinamen „der Alte" („inn Gamli") erhalten.

Der zweite frühe Skalde heißt in der Skaldenliste („Skaldatal") des Snorri Sturluson auffälligerweise „Starkad" – was ein Beiname des ehemaligen Sonnengott-Götter-vaters Tyr ist. Das läßt vermuten, daß die beiden ersten Skalden, also Bragi und Star-kad mythologische Gestalten sein könnten.

Letztlich erscheint es am wahrscheinlichsten, daß die Nornen die Eltern des Bragi und auch des Starkad veranlaßt haben, ihnen einen passenden „Dichter-Namen" zu geben, nachdem sie ihnen ihr ungewöhnlich großes Skalden-Talent mit in die Wiege gelegt hatten …

Neben dem Skalden Bragi Boddason inn Gamli hat es auch noch weitere Männer mit dem Namen „Bragi" gegeben wie z.B. König Bragi Halfdans-Sohn und der Kö-nigssohn Bragi Högnason. Anscheinend konnte man den Namen „Bragi" auch ohne einen Zusatz als Personennamen benutzen. Bei den anderen Göttern waren hingegen nur Kombinationen aus einem Gottesnamen und einem weiteren Substantiv wie z.B. „Thorstein" üblich. Man hat daher den Eindruck, als ob der Name „Bragi" am Übergang zwischen einem Gottesnamen und einem Männernamen gestanden hätte.

Snorri Sturluson hat in der Edda den Dichter mit dem Namen „Bragi" jedenfalls deutlich von dem Gott mit dem Namen „Bragi" unterschieden.

2. Der Ase Bragi

2. a) Asen-Heitis

Bragi findet sich als einer der Asen auch in einer Aufzählung der Namen der Asen, deren Verfasser unbekannt ist:

Ich werde euch
die Asen-Heitis sagen:
Dies sind Yggr und Thor
und Yngvi-Freyr,
Vidar und Baldur,
Vali und Heimdall,
das sind Tyr und Njörd,
weiterhin Bragi,
Hödur, Forseti,
und schließlich ist da noch Loki.

3. Bragi der Skalde

3. a) Gylfis Vision

In dieser Vision des Königs Gylfi wird ihm unter anderem auch das Wesen des Gottes Bragi beschrieben:

(Har sprach:) *„Ein anderer Ase heißt Bragi. Er ist berühmt durch Beredsamkeit und Wortfertigkeit und sehr geschickt in der Skaldenkunst, die nach ihm Bragur genannt wird, so wie auch diejenigen nach seinem Namen Bragurleute heißen, die redefertiger sind als andere Männer und Frauen.*
Seine Frau heißt Idun: sie verwahrt in einem Gefäß die Äpfel, welche die Götter genießen sollen, wenn sie altern; denn sie werden alle jung davon, und das mag währen bis zur Götterdämmerung.“

3. b) Grimnir-Lied

In diesem Lied wird gesagt, daß Bragi der Beste aller Skalden ist:

Die Esche Yggdrasil, ist der Bäume erster,
Skidbladnir der Schiffe,
Odin der Asen, aller Rosse Sleipnir,
Bifröst der Brücken, Bragi der Skalden,
Habrok der Habichte, der Hunde Garm.

3. c) Skaldskaparmal

In diesem Lehrbuch der Skaldenkunst erscheint Bragi in einer Aufzählung der Asen. Er erläutert dem König Ägir, der in einer Vision bei den Asen zu Besuch ist, die gesamte Mythologie der Germanen. Als Skaldengott war es auch Bragis Aufgabe, über dieses Thema genauestens Bescheid zu wissen …

Ein Mann heißt Ägir oder Hler; er bewohnte das Eiland, das nun Hlesey heißt, und war sehr zauberkundig.

Er unternahm eine Reise nach Asgard; und als die Asen von seiner Fahrt erfuhren, wurde er wohl empfangen, jedoch mit allerlei Sinnverblendungen. Und am Abend, als das Trinken beginnen sollte, ließ Odin Schwerter in die Halle tragen, die waren so glänzend, daß ein Schein davon ausging und es keiner andern Beleuchtung bedurfte, während man aß und trank.

Da kamen die Asen zu ihrem Gelage und zwölf der Asen, die da zu Richtern bestellt waren, setzten sich auf ihre Hochsitze. Dies sind ihre Namen: Thor, Niörd, Freyr, Tyr, Heimdall, Bragi, Widar, Wali, Ullr, Hönir, Forseti, Loki. Desgleichen heißen die Asinnen: Frigg, Freyja, Gefion, Idun, Gerd, Sigyn, Fulla, Nanna.

Ägir dauchte alles herrlich was er sah. Alle Wände waren mit schönen Schilden bedeckt, da war auch kräftiger Met und des Trankes genug.

Als Ägirs Nachbar saß Bragi, und während sie tranken, tauschten sie Gespräche. Da sagte Bragi dem Ägir von manchen Geschichten, die sich vordem bei den Asen zugetragen.

3. d) Lokasenna

Bragi ist auch einer der Gäste bei diesem Fest des Tyr-Riesen Ägir, bei dem Loki aufgrund seiner Beleidigungen der Götter seine Freiheit verlor.

Ägir, der mit andrem Namen Gymir hieß, bereitete den Asen ein Gastmahl, nachdem er den großen Kessel erlangt hatte, wie eben gesagt ist.

Zu diesem Gastmahl kam Odin und Frigg, sein Weib. Thor kam nicht, denn er war auf der Ostfahrt. Sif war zugegen, Thors Weib, desgleichen Bragi und seine Frau Idun. Auch Tyr war da, der nur eine Hand hatte, denn der Fenriswolf hatte ihm die andre abgebissen, als er gebunden wurde. Da war auch Niörd und Skadi, sein Weib, Freyr und Freyja, und Widar, Odins Sohn. Auch Loki war da und Freyrs Diener Byggwir und Beyla. Da waren noch viele Asen und Alfen.

3. e) Skaldskaparmal

Die Kenningar, mit denen die Dichter der Germanen den Gott Bragi umschrieben, sind recht aufschlußreich:

„Wie soll man Bragi umschreiben?"
„Indem man ihn Mann der Idun nennt, Ersten Erschaffer der Dichtung, den Langbärtigen Gott (nach seinem Namen wird ein Mann, der einen langen Bart hat, „Bart-Bragi" genannt) und Sohn des Odin."

Zwischen Bragi und Idun gibt es einen Zusammenhang, der nicht sofort offensichtlich ist. Iduns Äpfel verleihen den Asen ihre Unsterblichkeit und ihre ewige Jugend.

Bei den anderen indogermanischen Völkern sind es zwar auch manchmal die Äpfel, die dies bewirken wie z.B. die goldenen Äpfel der Hesperiden, aber in der Regel ist es der Honigtrank, der Met, der Nektar ambrosia („Honig der Unsterblichkeit") und das Soma bzw. Haoma, die das ewige Leben verleihen. Diese Unsterblichkeits-Äpfel sind in der Regel im Besitz der Muttergöttin – die Äpfel der Hesperiden wuchsen z.B. im Garten der Hera, die somit der Idun entspricht.

Der Göttermet findet sich in den Mythen der Germanen vor allem noch als Trank der Weisheit und der Dichtergabe. Daher ist der weise Dichtergott Bragi derjenige, mit dem das Trinken des Mets am engsten verbunden ist bzw. auf den es die größte Wirkung gehabt hat.

Aus diesem Grund ist es durchaus plausibel, daß die Göttin der magischen Äpfel mit dem Dichtergott ein Paar bildet: Die magischen Äpfel entsprechen dem Göttermet und dieser hat den Bragi zum Skalden gemacht.

Man kann hinter den in der Edda berichteten Mythen noch die frühere Vorstellung von der Muttergöttin, die die ewige Jugend gibt und den Gott, der diese ewige Jugend erhalten hat, hindurchscheinen sehen.

In der Edda ist vor allem Odin mit dem Göttermet verbunden: Er kriecht in der Gestalt einer Schlange in das Hügelgrab, also in die Unterwelt (Schlangen/Drachen = Ahnen im Hügelgrab), wo er sich mit der Riesin Gunnlöd vereint („Wiederzeugung" mit der Großen Mutter im Jenseits), ihren Göttermet austrinkt („Wiederstillen") und sich in einen Adler verwandelt („Wiedergeburt" als Seelenvogel) und nach Asgard zurückkehrt.

Es erscheint daher auch als passend, daß Odin als der Vater des Bragi angesehen wird – auf diese Weise wird Bragi zu einem Aspekt des Odin: der bei der Riesin Gunnlöd in der Unterwelt den magischen Met trinkende Göttervater.

Mythologien strukturieren und entwickeln sich zu einem sehr großen Teil durch solche Assoziationen weiter.

3. f) Thulur

Auch in den Thulur-Listen, die die vielen Söhne des Odin aufführen, erscheint Bragi als Sohn des Göttervaters.

Namen der Odins-Söhne:

Dies sind Odins Söhne:
Baldr und Meili,
Vidarr und Nepr,
Vali, Ali,
Thor und Hildolfr,
Hermodr, Sigi,
Skjöldr, Ingvifreyr
und Itreksjod,
Heimdallr, Sämingr,
Hödr und Bragi.

3. g) Odins Rabenzauber

In diesem Lied begleitet Bragi den Heimdall und den Loki im Auftrag von Odin zu der Jenseitsbrücke, wo sie auf Idun treffen, die in diesem Lied eine Seherin ist:

Widrir wählte den Wächter der Brücke,
Den Giallarertöner, die Göttin zu fragen
Was sie wisse von den Weltgeschicken.
Ihn geleiten Loptr und Bragi.

„Widrir" ist Odin. Der „Giallarertöner" ist Heimdall – mit „Gjallar" ist sein Gjallar-horn („lautes Horn") gemeint. „Loptr" („der Luftige") ist Loki.

Später kehren dann Heimdall und Loki zu Odin nach Asgard zurück, während Bragi bei seiner Frau Idun bleibt:

Da fuhr hinweg der Führer der Gruppe,
Der Hüter von Herians gellendem Horn.
Den Sohn der Nal nahm er zum Begleiter;
Als Wächter der Erde blieb Grimnirs Skalde.

„Herian" ist Odin. Der „Hüter von Odins Horn" ist Heimdall.

„Nal" („Nadel") ist die Mutter des Loki – ihr Sohn ist folglich Loki.

„Grimnirs Skalde", also Odins Dichter, ist Bragi. Er bleibt bei der Erde, d.h. an der Unterweltsbrücke bei seiner Frau Idun.

3. h) Sigrdrifumal

Bragi war für die Wikinger die Verkörperung der Beredtheit. Seine Zunge wurde geradezu als ein von magischer Kraft erfüllte Organ angesehen, wie die folgenden Strophen zeigen:

Geistrunen schneide, willst Du klüger scheinen
Als ein anderer Mann.
Die ersann und sprach, die schnitt zuerst
Odin, der sie auserdacht
Aus der Flut, die geflossen war
Aus dem Hirn Heiddraupnirs;
Aus dem Horn Hoddraupnirs.

Diese „Flut" ist der Göttermet aus der Quelle des Mimir, aus der Odin sie mithilfe des Gjallarhornes trinkt. Mimir wird hier als „Heiddraupnir" („herrlicher Tröpfler") und als „Hoddraupnir" („Gold-Tröpfler") umschrieben, da Odins Ring Draupnir als Symbol für die erfolgreiche Jenseitsreise eng mit dem Göttermet verbunden war, den man im Ritual nach bzw. in der Vision während der Jenseitsreise trank.

Die Runen und ihre Magie entsprechen somit der Weisheit des Mimir und dem Wasser bzw. dem Met seiner Quelle.

Auf dem Berge stand er mit blankem Schwert,
Den Helm auf dem Haupte.
Da hub Mimirs Haupt an weise das erste Wort
Und sagte wahre Stabreime.

Der Berg ist ein Hügelgrab, auf dem Odin nach seiner Reise in das Jenseits steht – das Hügelgrab ist das Tor zur Unterwelt. Dieses Motiv ist sehr alt, wie das Schwert zeigt, das das Symbol des ehemaligen Göttervaters Tyr ist, dessen Nachfolger der Speergott Odin geworden ist. Ursprünglich stand der am Morgen wiedergeborene ehemalige Sonnengott-Göttervater Tyr mit seinem Goldhelm und mit seinem erhobenem goldenen Sonnen-Schwert auf seinem Hügelgrab.

Das sprechende Haupt des Tyr-Riesen Mimir stammt aus dem Ahnenkult, in dem man die Schädel seiner Vorfahren aufbewahrte, um mit ihrer Hilfe innerlich weiterhin mit ihnen sprechen und von ihnen Rat und Hilfe erhalten zu können. Dieses Motiv ist naturgemäß mit der Jenseitsreise verbunden und steht in Zusammenhang mit dem wiedergeborenen Tyr.

Als Odin am Weltenbaum hängend im Jenseits weilte (wie es im Havamal beschrieben wird), erlangte er dort den Kontakt zu seinen Vorfahren, d.h. zu Tyr bzw. zu sich selber, da der Göttervater, da er auch als Sonnengott angesehen wurde, jeden Abend bzw. jeden Herbst starb und an jedem Morgen bzw. in jedem Frühjahr wiedergeboren wurde.

Die „Stabreime" in dem Lied sind die Verse der Magie und der Weisheit und der Dichtkunst – die somit auch Bragis Gabe sind. Diese Stabreime beziehen sich auf die Bedeutung und die Verwandlung der Runen in der Magie.

In den folgenden drei Strophen wird beschrieben, wo sich überall Runen und somit auch magische Kräfte befinden:

Auf dem Schilde standen sie vor dem scheinenden Gott,
Auf Arwakrs Ohr und Alswidrs Huf,
Auf dem Rad, das da rollt unter Rögnirs Wagen,
Auf Sleipnirs Zähnen, auf des Schlittens Banden.

Auf des Bären Tatze, auf Bragis Zunge,
Auf den Klauen des Wolfs und den Krallen des Adlers,
Auf blutigen Schwingen, auf der Brücke Kopf,
Auf des Lösenden Hand und des Lindernden Spur.

Auf Gold und Glas, auf dem Glück der Menschen,
In Wein und Würze, auf der Wala Sitz,
Auf Gungnirs Spitze und Granis Brust,
Auf dem Nagel der Norne und der Nachteule Schnabel.

Die durch den verschiedenen Charakter der Runen geprägte Wirkung des magischen Kraft ist sehr vielfältig. Das Wissen über alle diese Aspekte gehört zu Odin, aber auch zu Bragi, der Odins Weisheit und Wissen verkörpert. Die enge Zusammengehörigkeit zwischen diesen beiden Asen zeigt sich auch in ihrem Vater-Sohn-Verhältnis – auch Tyr selber und die aus einem Tyr-Beinamen entstandenen Götter Heimdall und Widar wurden als Söhne des Odin angesehen.

Das läßt vermuten, daß auch Bragi einst ein Aspekt des Tyr gewesen ist – der zu der Zeit zwischen 100 v.Chr. und 100 n.Chr., als die Nordgermanen die Runen aus einem norditalischen Alphabet entwickelt haben, noch der Göttervater der Nordgermanen und somit auch der „Herr der Runen" gewesen ist.

Bragi scheint also einst der Weisheits- und Dichter-Aspekt des Tyr gewesen zu sein.

Im folgenden werden die Arten der Runen und die Art ihrer Schreibung, d.h. ihrer magischen Anwendung noch einmal aufgezählt.

Geschabt wurden alle, die geschnitten waren,
Mit hehrem Met geheiligt
Und gesandt auf weite Wege.
Die sind bei den Asen, die bei den Alfen,
Die bei weisen Wanen,
Einige unter Menschen.

Das sind Buchrunen, das sind Bergrunen,
Dies alle Aelrunen
Und rühmliche Machtrunen,
Wer sie unverwirrt und unverdorben
Walten läßt zu seinem Wohl.
Lerne sie und laß sie wirken
Bis die Götter vergehn.

Die frühen (sehr kurzen) Aufzeichnungen der Germanen waren in Runen verfaßt. Die eigentliche Überlieferung wurde jedoch erst ab 750 n.Chr., in größerem Maße jedoch erst ab ca. 1000 n.Chr. aufgeschrieben.

Diese mythologischen und historischen Lieder sowie die Spruchsammlungen hat Skaldengott Bragi wie diese germanischen Sänger auswendig gelernt und sie wohl auch in Asgard ab und zu den Asen vorgetragen. Vor diesem speziellen Publikum gab es natürlich keine Unterscheidung zwischen Mythos und Geschichte mehr, da die Mythen die Geschichte der Götter sind …

3. i) Lokasenna

In „Lokis Zankreden" wird auch der Dichtergott Bragi von Loki mit beißendem Spott angegriffen.

Da stand Widar auf und schenkte dem Loki ein. Als er aber getrunken hatte, sprach er zu den Asen:

„Heil euch, Asen; Heil euch Asinnen,
Euch hochheiligen Göttern all,
Außer dem Asen allein, der da sitzt
Auf Bragis Bank."

Bragi:
„Schwert und Schecken aus meinen Schätze zahl ich
Und einen Baug (Ring) *zur Buße,*
Daß Du den Asen nicht Ärgernis gebest:
Mache Dir nicht gram die Götter."

Loki:
„Roß und Ringe, nicht allzureich doch
Weiß ich Dich, Bragi, der beiden!
Von Asen und Alfen, die hier innen sind,
Scheut keiner so den Streit,
Flieht Geschosse keiner feiger."

Bragi:
„Ich weiß doch, wär ich draußen,
wie ich drinnen bin
Hier in Ägirs Halle,
Dein Haupt hätt ich in meiner Hand schon;
Also lohnt ich Dir die Lüge."

Loki:
„Sitzend bist Du schnell, doch schwerlich leistest Du's,
Bragi, Bänkehüter!
Zum Zweikampf vor, wenn Du zornig bist:
Der Tapfre sieht nicht um und säumt."

Idun:
„Ich bitte Dich, Bragi, bei Deinen gebornen
Und aller Wünschelsöhne Wohl,
Sprich zu Loki nicht mit lästernden Worten
Hier in Ägirs Halle."

Loki:
„Schweig, Idun! Von allen Frauen
Mein ich Dich die Männertollste:
Du legtest die Arme, die leuchtenden, gleich
Um den Mörder eines Bruders."

Idun:
„Zu Loki sprech ich nicht mit lästernden Worten
Hier in Ägirs Halle;
Den Bragi sänft ich, den bierberauschten,
Daß er im Zorn den Zweikampf meide."

Aus diesen Strophen ergibt sich, daß Bragi anscheinend kein besonders kriegerischer Gott gewesen ist.

Er scheint mehrere eigene Kinder und angenommene Kinder („Wünschelkinder") gehabt zu haben. Von diesen Kindern des Bragi und auch von Kindern seiner Frau Idun wird ansonsten nirgendwo etwas erwähnt. Möglicherweise handelt es daher nur um eine typische mütterliche Argumentationsweise, die der Dichter dieses Liedes der Idun in den Mund gelegt hat.

Bragi ist in diesem Lied der erste der Götter, der den Loki ansprach. Möglicherweise zählten solche Begrüßungen an den germanischen Fürstenhöfen zu den Aufgaben der Skalden. Wenn dies nicht der Fall sein sollte, sollte man eigentlich erwarten können, daß Heimdall als Wächter oder Odin als Göttervater als erster das Wort ergreift.

3. j) Hakonarmal

In diesem Loblied für König Hakon den Guten, das kurz nach seinem Tod verfaßt worden ist, erscheint Bragi als Bote des Odin, der den König begrüßen soll. Dies Funktion paßt zu der Vermutung, daß in der Lokasenna Bragi als erster den Loki anspricht, weil diese Begrüßungen zu den Aufgaben der berufsbedingterweise redegewandten Skalden zählte.

Hermod ist als Schamanen-Ase ein geeigneter Begleiter des Bragi beim Empfang der Gäste, die vom Schlachtfeld über den Jenseitsweg nach Asgard gekommen sind – der Jenseitsweg ist sozusagen der „Arbeitsplatz" der Schamanen.

Die Götter und Personen, die in den Mythen der Germanen handeln, sind in aller Regel nicht willkürlich ausgewählt, sondern ihre Tätigkeit entspricht so gut wie immer ihrem mythologischen Charakter.

„Hermod und Bragi,"
sprach Hropta-Tyr,
„Geht und heißt
den Helden willkommen;

denn ein König kommt,
der kühn gekämpft hat,
zu unseren
Hallen hier."

„Hropta-Tyr" bedeutet wörtlich „weiser Tyr" und ist eine Umschreibung für Odin.

Da sprach der Kriegs-Arbeiter
und wandte sich von der Schlacht –
seine Brünne
war ganz blutig –

„Mir deucht,
Odin ist wütend.
Wir sollten uns darum sorgen,
seinen Zorn zu vermeiden!"

„Alle Einherier
sollen euch Eide schwören:
Sie teilen mit euch
den Asen-Met,

ihr Feinde der Grafen!
Hier drinnen
hast Du acht Brüder, "
sprach Bragi.

Die „Einherier" sind die gefallenen Krieger in Walhalla.
Die „Grafen" sind die drei Söhne von Erik Blutaxt, gegen die König Hakon in dieser Schlacht gekämpft hat.
Offenbar sind acht der vielen Brüder des Königs Hakon bereits verstorben gewesen.

3. k)   Eiriksmal

In diesem Ruhmlied, daß nach dem Tod von König Erik Blutaxt für diesen gedichtet worden ist, erscheint Bragi lediglich als Gesprächspartner des Odin. Vielleicht hatten die Skalden manchmal auch eine Art Beraterfunktion der Fürsten.

„Was ist das
für ein Traum? ",
sprach Odin
kurz vor Sonnenaufgang.

„Ich dachte, daß Walhalla
für ein getötetes Heer bereitet wird.
Ich weckte die Einherier
und gebot ihnen aufzustehen

und die Bänke zu bedecken
und die Becher zu reinigen.
Ich gebot den Walküren Wein
zu bringen als wenn ein Fürst käme.

Ich habe Hoffnung,
daß edle Helden
aus der Welt nahen –
so glücklich ist mein Herz."

"Was ist das für ein Aufruhr?"
sprach Bragi, "als wenn
Tausende in Bewegung wären –
naht ein besonders großes Heer?

All die Bohlen
der Bänke knirschen
als wenn Baldur zu Odins Heim
zurückkehren würde."

"Du redest gewiß Narrheiten,
weiser Bragi", antwortete Odin,
"obwohl Du alle Dinge
so gut kennst.

Der Lärm kündet
den Helden Erik an,
der nun zu Odins
Heim kommt."

"Siegmund und Sinfjötli!
Erhebt euch geschwind
und geht
dem Fürsten entgegen.

Wenn es Erik ist,
heißt ihn willkommen!
Ich glaube nun gewiß,
daß er es ist."

3. l)   Half und seine Recken

Der Skalde Bragi wird an einigen Stellen in den Sagas erwähnt. Er scheint entweder ein sehr guter Beobachter und Omendeuter oder ein wenig hellsichtig gewesen zu sein, wie die folgende Szene zeigt. Ob diese Fähigkeit etwas mit dem Gott Bragi zu tun hat (als Ursache einer Vergöttlichung oder als eine Übertragung von Eigenschaften des Gottes auf den Dichter) ist ungewiß.

König Hjor Halfsson nahm Hagny, die Tochter des Königs Haki Hamundsson, zur Frau. König Hjor zog zu einem Treffen der Könige und während er fort war, gebar Hagny zwei Söhne und sie waren schwarz und fürchterlich häßlich und einer von ihnen wurde Hamund genannt und der andere Geirmund.

Eine Dienerin gebar zur derselben Zeit einen Sohn, der Leif genannt wurde. Er war sehr hübsch. Die Königin vertauschte die Söhne mit der Dienerin und brachte Leif zu dem König.

Der König zog wieder fort. Die Jungen waren nun drei Jahre alt. Leif wurde immer zaghafter als er älter wurde, aber Hamund und Geirmund wurden riesig und sprachen sehr verständig.

Der Skalde Bragi kam zu einem Fest dorthin. Eines Tages waren alle Männer im Wald und die Frauen in den Haselgebüschen um Nüsse zu sammeln; niemand war in der Halle war außer Bragi, der auf dem Ehrenplatz saß, und der Königin, die sich unter einem Haufen von Kleidern versteckt hatte.

Leif saß auf dem Thron und spielte mit Gold, aber Hamund und Geirmund waren auf dem Stroh unten auf dem Fußboden. Aber dann gingen sie zu Leif hinüber und stießen ihn von seinem Stuhl und nahmen ihm all sein Gold. Er schrie.

Bragi stand auf und ging dahin, wo die Königin lag, stieß mit seinem Stab in die Kleider und sprach:

„Hier innen sind zwei
und ich vertraue beiden,
Hamund und Geirmund:
sie wurden dem Hjor geboren;

aber der dritte, Leif,
ist Lodhotts Sohn.
Du hast niemals
diesen Jungen geboren, Frau!"

Da tauschte Hagny die Söhne wieder mit der Dienerin.

3. m) Landnamabok

Dieselbe Szene wird auch in diesem Buch beschrieben – sie scheint einen wesentlichen Charakterzug des Bragi darzustellen.

Als der König das nächste mal auf Wikinger-Raubfahrt war, lud die Königin Bragi den Skalden in ihr Haus ein und bat ihn, gut nach den Jungen zu sehen, die drei Jahre alt waren. Sie schloß die Jungen mit Bragi in einer Kammer ein und verbarg sich selber unter der Empore.
Da sang Bragi diese Verse:

„Zwei sind hier innen,
Ihnen traue ich,
Hamund und Geirmund,
Hjors eigenen Nachkommen;

aber Leif, der dritte,
der Sohn der Lodhott:
ziehe ihn nicht auf, Königin -
nur wenige werden sich als übler erweisen!"

Dann schlug er mit seinem Stab auf die Empore, unter der sich die Königin versteckt hatte.

Diese Geschichte wird fast identisch wie hier noch ein drittes mal in der „Saga über Geirmund Hel-Haut" berichtet.

3. n) Sonatorrek

Das folgende Lied mit dem Namen „Klagelied über die Söhne" wurde von dem Skalden, Wikinger, Bauern und Politiker Egil Skallagrimsson um ca. 960 n.Chr. nach dem Tod zweier seiner Söhne (einer von ihnen war erst 17 Jahre alt) bei einem Schiffsunglück verfaßt.
Das Gedicht beschreibt zwar nicht den Gott Bragi, aber es veranschaulicht das Verhältnis eines Skalden zu seiner Dichtkunst.

Es fällt mir schwer,
mit meiner Zunge ein hehres Gedicht
in Bewegung zu setzen.
Es gibt nun nichts mehr zu erhoffen

von Odins Gaben.
Es fällt mir nicht leicht,
aus den Rückzugsorten
in meiner Seele herauszukommen.

„Odins Gabe" ist die Dichtkunst.

Die glückliche Entdeckung
von Friggs Verwandten,
die vor langer Zeit
von Jötunheim geholt wurde,

will nicht mehr leicht
aus den Tiefen meines Herzens
hervorquellen, denn es wird
von schwerem Kummer bedrückt.

„Friggs Verwandte" sind die Asen. Das, was die Asen vor langer Zeit aus Jötunheim, d.h. aus der Unterwelt geholt haben, sind der Göttermet (von Gunnlöd) und der Braukessel für diesen Met (von Hymir). Der Göttermet ist hier ein Bild für den Skalden-Met, d.h. für die dichterische Inspiration. Aufgrund seiner Trauer und seiner zunehmenden Introvertiertheit fällt Egil das Dichten schwer.

… … …

Nun werde ich zuerst von meinem eigenen,
des Vaters Verlust erzählen
und von dem Trauerfall seiner Mutter.
Solcherart ist das Holz,

bedeckt mit den Blättern der Wortwahl,
das ich aus dem Tempel meiner Sprache
hervorbringen werde,
um mit ihm das Gebäude meiner Dichtkunst zu errichten.

Die Lücke, den die Wogen
in die Grenzen der Familie
meines Vaters gerissen haben,
erschüttert mich.

Leer und unbesetzt
sehe ich den Platz,
von dem die See
meinen Sohn geraubt hat.

Ran hat mich
schwer heimgesucht.
Mir wurde
ein lieber Freund geraubt.

Die See hat die Bande
meiner Sippe durchtrennt
und mir selber
eine starke Faser ausgerissen.

    Die Göttin „Ran" ist die Göttin des Meeres, in dem Egils Söhne ertrunken sind. Der Name der Göttin „Ran" bedeutet wörtlich „Räuberin" – was in diesem Zusammenhang Egil wohl schmerzlich bewußt gewesen sein wird.

… … …

Er gab stets sehr viel
auf die Worte seines Vaters,
selbst wenn alle Welt
mir widersprach;

er hielt mich in Ehren
in meinem Haus
und war die größte Stütze
meiner Kraft.

… … …

Die Gesellschaft
der Menschen mißfällt mir,
obwohl alle
Frieden halten.

Mein Sohn, das Kind meiner Frau,
ist fortgegangen,
um seine Freunde
in dem Bienenkorb-Haus zu suchen.

Vielleicht ist „Bienenkorb-Haus" eine Anspielung darauf, daß es in der Halle („Haus") des Odin den Göttermet, der aus dem Honig der Bienen hergestellt wird, zu trinken gibt. Vielleicht ist „Bienenkorb-Haus" aber auch eine Umschreibung für das ähnlich geformte Hügelgrab seines Sohnes.

Aber der Herr
des Malz-Gebräus steht vor mir
in unbeugsamer
Gesinnung.

Ich bin nicht mehr
in der Lage,
mein Gebäude des Wissens
aufrecht zu erhalten, ...

„Malz-Gebräu" ist hier eine Kenning für „Göttermet". Der „Herr des Göttermets" ist Odin.

Das „Gebäude des Wissens" ist ein ungewöhnlicher Ausdruck. Vielleicht bedeutet er hier soviel wie „optimistische Weltanschauung".

... denn das tobende Fieber
hat der Welt
meinen Sohn entrissen,
der, wie ich bezeugen kann,

ein makelloses
Leben führte
und sich selbst frei
von Tadel hielt.

Das „Fieber" scheint hier ein ungewöhnliches Bild für das tosende Meer oder eine Heiti für „Tod" zu sein.

Möglicherweise ist jedoch auch einer seiner Söhne ertrunken und der andere an einer Fieber-Krankheit gestorben.

… … …

Ich war mit dem Herrn
des Speeres befreundet;
ich vertraute ihm
ohne Bedenken,

bis der Herr der Streitwagen,
der Verteiler des Sieges,
die Freundschaft
mit mir brach.

Der „Herr des Speeres (Gungnir)", der „Herr der Streitwagen" und der „Verteiler des Sieges" ist Odin.

Ich verehre Vilis Bruder,
den Fürsten der Götter,
nicht deshalb,
weil es mich so danach verlangt.

Mimirs Freund hat mir
jedoch einen Ausgleich für meine
Unglücke gegeben, die ich
als eine erhebliche Unterstützung erlebe.

Die drei Brüder Woden, Wili (= „Vili") und We treten in vielen germanischen Mythen auf. Sie tragen viele verschiedene Namen – am häufigsten ist vermutlich die Dreiheit von Odin, Hönir und Loki.

Sie verkörpern die drei Stände der germanischen Gesellschaft: Woden/Odin („Wut/Ekstase") steht für die Krieger und Fürsten, Ve („der etwas weiht") bzw. Hönir für Priester und Heiler sowie „Wili („Wille") bzw. Loki („Lohe") für Bauern und Handwerker.

„Vilis Bruder" ist in diesem Zusammenhang Odin.

Die erste Halbstrophe drückt anscheinend Resignation aus, aber die genaue Bedeutung ist unklar. Sie scheint wie das gesamte Lied einen psychischen Zustand auszudrücken. Egil verehrt Odin offenbar noch immer und ist ihm treu geblieben, aber er scheint sein Vertrauen in ihn verloren zu haben. Andererseits ist er Odin aber dankbar, daß er ihm die Dichtergabe geschenkt hat.

Der Feind des Wolfes,
in Schlachten viel erprobt,
gewährte mir
eine makelloses Kunst

und eine Veranlagung,
die es mir ermöglicht hat,
die Feindschaft verborgener Feinde
sichtbar zu machen.

Der „Feind des (Fenris-)Wolfes" ist Odin.

Schwer ist mein Los.
Die Riesenschwester
von Odins Gegner
steht auf der Landzunge.

Dennoch werde ich meinen eigenen Tod
dankbar erwarten,
mit gutem Willen
und ohne Bedauern.

„Odins Gegner" ist der Fenris-Wolf. Seine „Riesenschwester" ist die Unterwelts-göttin Hel, die Egil in seiner Vorstellung neben oder in den (Hügel-)Gräbern seiner Söhne auf der Landzunge, die in „Ymirs Flüsse" hineinragt, stehen sieht.

Egil Skallagrimsson findet, wie dieses Gedicht zeigt, selbst noch in der Trauer über den Tod zweier seiner Söhne in seiner Dichtkunst einen letzten Halt.

Dieses Klagelied ist die erste ganz persönliche Dichtung, die von den Germanen verfaßt worden (und erhalten geblieben) ist.

4. o) Heimskringla

In diesem mythologisch-historischen Werk wird Odin auf eine Weise dargestellt, die ihn als als den Erfinder der Dichtkunst erscheinen lassen. Der Vater des Bragi besitzt offenbar dieselbe Gabe wie sein Sohn Bragi.

Auch in diesem Bericht wird wieder wie bei dem Harfner Sigurd in der Bosa-Saga und dem Harfner Hother in der Gesta danorum die enge Verbindung zwischen Dichtkunst, Harfenspiel und Magie deutlich.

Der Mönch Saxo bemüht sich redlich, alle magischen und göttlichen Aspekte des Odin zu rationalisieren.

Als Odin aus dem Asen-Land nach Norden kam und mit ihm die Diar-Priester (Njörd und Freyr), zeigten und lehrten sie den Leuten die Künste, die diese anschließend für lange Zeit ausübten.

Odin war der geschickteste von allen und von ihm lernten all die anderen seine Künste und seine Fähigkeiten – und er kannte sie als erster und kannte viele mehr von ihnen als andere Menschen.

Aber nun müssen wir, um zu erklären, warum er in so hohem Ansehen stand, verschiedene Gründe erklären, die dazu beigetragen haben.

Wenn er mit Freunden zusammensaß, war sein Angesicht so schön und ehrwürdig, daß davon der Geist von allen erhoben wurde, aber wenn er im Krieg war, erschien er seinen Feinden gar schrecklich. Dies konnte er, weil er in der Lage war seine Haut in jeder gewünschten Weise zu verändern.

Ein anderer Grund war, daß er so geschickt und sanft sprach, daß alle, die ihn hörten, ihm Glauben schenkten. Er sprach alles in Reimen – so wie die, die heute gedichtet werden und die wir Skaldenkunst nennen. Er und seine Tempel-Priester (Njörd und Freyr) wurden „Lieder-Schmiede" genannt, denn von ihnen kam diese Art von Liedern in die Nord-Länder.

Odin konnten seine Feinde in der Schlacht erblinden oder taub werden oder sie in Panik fallen lassen und ihre Waffen so stumpf machen, daß sie mit ihnen nicht mehr als mit einer Weidenrute ausrichten konnten. Andererseits stürmten seine Männer ohne Rüstung vorwärts und waren wahnsinnig wie Hunde oder Wölfe, bissen in ihre Schilde und waren stark wie Bären oder wilde Stiere und töteten Menschen mit einem einzigen Schlag, aber weder Feuer noch Eisen konnte sie selber beißen. Sie wurden Berserker genannt.

4. Der Bragi-Trunk

4. a) Hervor-Saga

Es war in der Julnacht, in der Zeit, zu der die Männer in der Zeremonie des Braga-full oder „Kelch des Anführers" feierliche Schwüre ablegen. Da legten Arngrims Söhne Eide ab. Hjorvard schwor, daß er die Tochter des Schwedenkönigs Ingjald, das Mädchen, das überall im ganzen Land für ihre Schönheit und ihr Geschick berühmt war, zur Frau haben werde – oder keine.

4. b) Die Saga über Hakon den Guten

Insbesondere zur Julzeit, also zur Wintersonnenwende, war es bei den Germanen üblich, Eide abzulegen, die sich auf Vorhaben für die Zukunft beziehen. Diese Eide wurden über einem Kelch mit Met gesprochen, den man anschließend leerte.

Die heutige „Soft-Variante" dieser Tradition sind die guten Vorsätze, die man zu Sylvester bei einem Glas Sekt faßt.

Sigurd, Jarl (Graf) von Hlader, war einer der größten Männer, was die Opferungen angeht, und so war auch sein Vater Hakon gewesen. Und Sigurd leitete im Auftrag der Könige alle Opferfeste in der Grafschaft Throndheim.

Es war ein alter Brauch, daß dann, wenn ein Opfer anstand, alle, die zur Grafschaft gehörten, zu dem Ort kamen, an dem der Tempel stand und alles mitbrachten, was sie benötigten, solange das Opferfest dauerte.

Zu diesem Fest brachten die Männer Bier mit; und alle Arten von Vieh und auch Pferde wurden geschlachtet und das ganze Blut, das von ihnen kam, wurde „Hlaut" genannt, und die Gefäße, in denen es gesammelt wurde, nannte man „Hlaut-Bolli". Es wurden „Hlaut-Stäbe" angefertigt, das sind Bürsten zum Versprenkeln, und mit ihnen wurden die Altäre und die Tempelwände sowohl innen als auch außen mit Blut besprenkelt und auch die Menschen selber wurden mit Blut besprenkelt; das Fleisch wurde jedoch zu schmackhafter Speise für die, die bei dem Fest waren, gekocht.

Das Feuer war in der Mitte des Tempels und über ihm hingen die Kessel und die vollen Kelche wurden über das Feuer hinübergereicht; und der, der ein Fest ausrichtete und der Leiter war, der segnete die gefüllte Kelche und die Opfer.

Und als erstes wurde Odins Kelch für den Sieg und die Macht des Königs geleert; danach Njörds und Freyas Kelche für Frieden und ein ertragreiches Jahr. Danach war es bei vielen üblich, den „Braga-Full" zu leeren; und dann leerten die Gäste einen Kelch im Gedenken an Freunde, die in der Ferne waren und nannten dies den Erinnerungs-Kelch.

Das Wort „Hlaut" war die Bezeichnung für das Blut der Opfertiere. Dieses Wort stammt von germanisch „hlautaz" ab, das „Zeichen, Orakelspruch, Urteil, Schicksal" bedeutete.

Die indogermanische Wurzel „hleudh" dieses Wortes bedeutet primär „wachsen, gedeihen" und davon abgeleitet auch „Leute, Freie (Menschen), Kinder".

Ein „Hlaut" sollte daher etwas sein, was „für die Leute" ist – eben die durch das Blut auf die Menschen übertragene Lebenskraft der Opfertiere. Und ein „Hlaut" ist offenbar auch etwas, das ein Zeichen der Götter ist oder ein Zeichen der Götter übermitteln kann – am bekanntesten ist in diesem Zusammenhang das Orakel der Eingeweideschau der Opfertiere.

Bei den Indogermanen bedeutete der Begriff, der bei im Altnordischen schließlich zu „Hlaut" wurde, noch die Gemeinschaft der freien Menschen, die sich u.a. zu Ritualen trafen. Bei den Germanen wurde dieser Begriff zu einer Bezeichnung des Opferrituales, das mit Orakeln und Urteilen in Streitfällen verbunden war. Im Altnordischen wurde „Hlaut" schließlich zu einer Bezeichnung für das Opferblut. Wie das Wort „Leute" zeigt, ist die ursprüngliche indogermanische Bedeutung aber immer erhalten geblieben. Somit wird „Hlaut" auch im Altnordischen die Gesamtbedeutung „Opferblut bei dem Ritual, an dem sich alle Freien treffen und mit diesem Blut geweiht werden und bei dem auch Orakel verkündet und Recht gesprochen wird".

Es gab zwei wichtige mit „Hlaut" zusammengesetzte Fachbegriffe bei den Opferungen: den „Hlaut-bolli" (Opfer-Kessel, in dem das Blut gesammelt wird) und den „Hlaut-vidr" („Pinsel"-Stab, mit dem man das Blut versprenkelte).

Trinkrituale waren bei allen indogermanischen Völkern weit verbreitet.

Die Bezeichnung „Bragafull" kann auf zwei Weisen entstanden sein.

Am naheliegendsten ist die Ableitung von dem Gott Bragi – der „Bragafull" wäre dann der „Kelch des Bragi", zu dem dies als Gott der Weisheit, die er durch den Göttermet erlangt hat, gut passen würde.

Die zweite mögliche Herleitung bezieht sich auf das germanische Wort „bragna", das „Gehirn, Schädel" bedeutet.

*Trink-Ritual
Runenstein aus Gotland*

98

Da es bis in das frühe Mittelalter hinein den weitverbreiteten Brauch gegeben hat, aus den Schädelschalen von Verstorbenen zu trinken, um deren Segen zu erhalten, könnte der Bragafull ursprünglich das Trinken aus solchen Schädelschalen gewesen sein – schließlich gedenkt mit dem „Bragefull" der Ahnen.

Diesen Brauch, der sich bis in die Altsteinzeit zurückverfolgen läßt, gab es auch in der christlichen Kirche, in der die Schädelschalen etlicher Heiliger dazu benutzt wurden, um deren Segen zu erhalten.

Später wurde diese Sitte dann zunehmend abgelehnt und in den Sagen als Rachemotiv gedeutet – wie z.B. die beiden von Wieland dem Schmied angefertigten Schädelschalen aus den Köpfen der beiden Söhne des Königs Nidud. Für den König war es jedoch zunächst völlig unverdächtig und normal, von Wieland zwei in Silber gefaßte Schädelschalen zu erhalten.

Das Ablegen von Eiden beim Trinken aus dem Braga, also aus den Schädelschalen ist insofern plausibel, als das man dadurch für das, was man zu tun schwor, die Unterstützung des Ahnen erhielt, aus dessen Schädel man dabei trank.

Das Trinken des Mets im Ritual hat ursprünglich, wie der Vergleich mit anderen indogermanischen Völkern zeigt, die Erlangung der Verbindung zu den Ahnen und den Göttern durch eine Jenseitsreise symbolisiert.

Da sowohl Bragi als auch die Schädelschalen aus den Ritualen, mit deren Hilfe man den Kontakt zu den Ahnen und den Göttern aufnahm, stammt, besteht letztlich kein allzugroßer Unterschied zwischen der Herleitung des „Bragafull" aus diesen beiden verschiedenen Wurzeln.

4. c) Helgi Hiörvard-Sohn

Auch in dieser Saga wird ein Eid auf einen Braga-Kelch beschrieben:

König Helgi war ein allgewaltiger Kriegsmann. Er kam zu König Rilimi und bat um Swawa, dessen Tochter. Helgi und Swawa verlobten sich und liebten sich wundersehr. Swawa war daheim bei ihrem Vater, aber Helgi im Heerzug. Swawa war nach wie vor eine Walküre.

Hedin war daheim bei seinem Vater Hiörward, König in Noreg. Da fuhr Hedin auf Julabend einsam heim aus dem Wald und fand ein Zauberweib. Sie ritt einen Wolf und hatte Schlangen zu Zäumen und bot dem Hedin ihre Folge.

„Nein", sprach er.

Da sprach sie: „Das sollst Du mir entgelten bei Bragis Becher."

Abends wurden Gelübde verheißen und der Sühne-Eber vorgeführt, auf den die Männer die Hände legten und bei Bragis Becher Gelübde taten. Hedin vermaß sich eines Gelübdes auf Swawa, Eilimis Tochter, seines Bruders Geliebte. Danach gereute es ihn so sehr, daß er fortging auf wilden Stegen südlich ins Land, wo er seinen Bruder Helgi traf.

Helgi sprach:

„Heil Dir, Hedin! Was hast Du zu sagen
Neuer Mären aus Noreg?
Was führte Dich, Fürst, fort aus dem Lande,
Daß Du allein mich aufsuchst?"

Hedin:
„Ein allzugroßes Unheil betraf mich:
Ich hab erkoren die Königstochter
Bei Bragis Becher: Deine Braut!"

Das Zauberweib, das auf einem Wolf ritt und Schlangen als Zaumzeug benutzte ist Hel mit ihren Geschwistern, dem Fenris-Wolf und der Midgardschlange. Sie erscheint auch bei Baldurs Bestattung und wird dort „Hyrrokkin" („Rußgeschwärzte") genannt.

„Bragis Becher" ist der „Bragafull", bei dem man vor allem am Julabend Eide ablegte. Offenbar hat Hel aus Ärger darüber, daß Hedin ihre Begleitung (also wohl seinen Tod) ablehnte, ihn dazu veranlaßt, den Eid zu schwören, die Geliebte seines Bruders zu heiraten.

In der Saga von Hedin (Helgi/Tyr) und Högni (Hagen/Loki) ist diese Geliebte die Göttin Freya selber, die wie eine Walküre in Odins Auftrag einen endlosen Krieg zwischen den beiden Brüdern verursachen soll – sie entspricht der Hel im Helgi-Lied. An die Stelle der Freya in der Saga über Hedin und Högni und der Nanna in der Mythe/Saga über Hother und Bbalder ist hier die Walküre Swawa getreten.

Falls Bragi tatsächlich einst ein Aspekt des ehemaligen Sonnengott-Göttervaters Tyr gewesen sein sollte, wäre der „Bragafull" ein Trank, den man zu Ehren des Tyr und der Ahnen entweder aus einem dem Tyr geweihten Horn (wie die Goldhörner von Gallehus) oder aus der Schädelschale eines wichtigen Ahnen geleert hat.

4. d) Snäfridardrapa

In diesen Verse des Harald Struwelkopf Haldanarson (dem späteren König Harald Haarschön) finden sich mehrere Kenningar für den Skaldenmet, d.h. für die Dichtung:

Ich lasse jetzt eine Drapa erklingen:
sie strömt hervor aus Dwalins Griff –
echten Regins-Trank reiche ich den Kriegern;
er kommt von dem Ort des Bragi.

Drapa = ein Lied in einer anspruchsvollen höfischen Form
Dwalins Griff = „das, was in Dwalins Hand ist" = Trinkhorn in der Hand des Zwerges Dwalin, der hier als einer der Zwerge, die den Met gebraut haben, aufgefaßt wird
Regin = Götter; Götter-Trank = Skalden-Met
Bragi = Gott der Dichtkunst; Ort des Bragi = Tempel des Bragi; das, was aus dem Bragi-Tempel kommt = Dichtkunst

4. e) Egil-Saga

In dieser Saga singt Arinbjörn ein Lied, in dem er die Dichtkunst wie König Harald Struwelkopf mit der Kenning als „Ort des Bragi" umschreibt.

Früh erwachte ich,
Worte sammelte ich,
mühte mich jeden Morgen
mit der Wort-formenden Zunge.

Ich baute einen stolzem Stapel
des ewig-bestehenden Lobes,
das ungebrochen
in Bragis Ort stehen wird.

4. f) Skalden-Lohn

Das Geschenk, das ein Skalde für sein Lied erhielt, wurde *„ braga-laun"* genannt, was wörtlich „Bragi-Lohn" bedeutet. Die Dichtkunst ist offensichtlich sehr eng mit dem Gott Bragi verbunden gewesen.

4. g) Ynglinga-Saga

Das Met-Trinken bei der „Krönung" stammt vermutlich daher, daß die Krönungen ursprünglich im Wesentlichen eine Reise in das Jenseits zu dem Göttervater gewesen sind und daher auch die Begrüßung mit einem Horn voll Met enthielten – so wie auch die Toten im Jenseits begrüßt wurden.

Es war zu jener Brauch, daß derjenige unter den Königs- oder Jarls-Söhnen, der ein Erbschafts-Fest gab, auf dem Fußschemel vor dem Hochsitz saß bis der gefüllte Kelch, den man den „Bragafull" nannte, hereinbrachte.

Dann stand er auf, nahm den Bragafull, sprach feierliche Gelübde, die er anschließend erfüllte, und leerte daraufhin den Kelch.

Anschließend stieg er auf den Hochsitz, den er von seinem Vater ererbt hatte und trat so das ganze Erbe seines Vaters an.

Auch bei dieser Gelegenheit hielt man es auf diese Weise. Als der Bragafull hereingebracht wurde, erhob sich König Ingjald, ergriff das große Horn eines Stieres und legte den Eid ab, daß er sein Reich nach allen vier Ecken der Welt um die Hälfte vergrößern oder sterben werde. Und dabei wies er mit dem Horn in alle vier Himmelsrichtungen.

4. h) Fagrskinna

Sowohl die drei Trinkrunden für die Ahnen und die Götter als auch der Bragafull bei der unter Eid abgelegten „Regierungserklärung" des neuen Königs waren der übliche Brauch bei einer „Krönung".

Eine solche Zeremonie wird auch in dem um ca. 1220 n.Chr. verfaßten Buch „Fagrskinna" berichtet, dessen Name „Helles Leder" bedeutet und nach dem hellen Pergament benannt worden ist, auf dem es geschrieben worden ist.

Zunächst gab es drei Runden eines rituellen Trankes: die erste Runde war den wichtigsten der eigenen Ahnen gewidmet, die zweite Runde dem Thor und die dritte Runde allen anderen Göttern. Dann wurde der Bragafull eingeschenkt. König Svein Gabelbart, der dieses Fest veranstaltet hatte, hatte daraufhin ein Gelübde abzulegen, das auch von allen, die bei ihm waren, ebenfalls geschworen wurde. Danach setzte er sich auf den Thron seines verstorbenen Vaters.

Man kann sich zumindestens fragen, ob in diesem Zusammenhang der Bragafull aus einer Schädelschale getrunken wurde, die aus dem Schädel des Vaters gefertigt worden war.

4. i) Hervor-Saga

Der Brauch, in der Julnacht (Wintersonnenwende) Eide abzulegen, ist bei den Germanen weit verbreitet gewesen.

Es war in der Julnacht, in der Zeit, zu der die Männer in der Zeremonie des Bragafull feierliche Schwüre ablegen. Da legten Arngrims Söhne Eide ab. Hjorvard schwor, daß er die Tochter des Schwedenkönigs Ingjald, das Mädchen, das überall im ganzen Land für ihre Schönheit und ihr Geschick berühmt war, zur Frau haben werde – oder keine.

4. j) Die Saga über Eilifir den Weitfahrenden

Ein anderer berühmter Julnacht-Schwur ist z.B. der des Wikingers Eilifir, der den Eid ablegte, das „todlose Feld", also das Jenseits zu finden. Er hat es schließlich auch erreicht.

Thrand ist der Name des ersten Königs, der über Thrandheim herrschte. Er hatte einen Sohn, der Eirek genannt wurde, ein allseits beliebter Mann schon von seiner Jugend an. Er war von starkem Körper, mutig und vorzüglich in allen Dingen und er wurde zu einem hochgewachsenen Mann.
Es wird berichtet, daß Eirik in einer Jul-Nacht den feierlichen Eid ablegte, daß er um die gesamte Welt fahren würde, um den Ort zu finden, den die Heiden den „todlosen Acker" und die Christen das „Land des lebenden Volkes" oder „Paradies" nannten.
Dieser Eid wurde in ganz Norwegen berühmt.

Die Wintersonnenwende wurde als der Tag der (Wieder-)Geburt der Sonne und somit auch des ehemaligen Sonnengott-Göttervaters Tyr angesehen, da ab diesem Tag, also ab dem 21.12. die Tage wieder länger wurden. Mit diesem Fest war daher die Hoffnung auf die eigene Wiedergeburt verbunden.

Dieses Fest war bei den Indogermanen so fest verwurzelt, daß die christlichen Mönche es nicht ausrotten konnten und es daher stattdessen als das Geburtsfest Christi (Heiligabend) umdeuteten. Auch Christus verkörpert die Hoffnung auf eine Wiedergeburt, d.h. die Auferstehung am Letzten Tag.

Durch immer neue Verbesserungen am Kalendersystem ist dieses Fest im Laufe der Jahrhunderte in drei verschiedene Feste zerfallen:

- das Jul-Fest am 21.12., das vor allem den „richtigen Termin" bewahrt hat und das hauptsächlich in Skandinavien noch mit einigen Bräuchen gefeiert wird;

- das Weihnachtsfest am 24.12. - 26.12., in dem sich die (Wieder-)Geburts-symbolik erhalten hat; und

- die Sylvester-Feier, in der sich das Met-Trinken und das Ablegen von Eiden zu dem Trinken von Sekt und den guten Vorsätzen für das neue Jahr verflacht haben.

Auch der in der Julnacht übliche Bragafull spricht für eine enge Verbindung zwischen Bragi und dem ehemaligen Sonnengott-Göttervater Tyr.

5. Bragi der Harfner

5. a) Bosi-Saga

Das Vortragen der Lieder der Skalden wurde manchmal vom Schlangen der Leier bzw. Harfe begleitet. Dies ist ein Brauch, der sich bei so gut wie allen indogermanischen Völkern findet. Daher kann man das Harfenspiel auch zu den Kenntnissen des Bragi zählen, auch wenn dies in den Mythen und Sagen nicht ausdrücklich über ihn berichtet wird.

Dem Harfenspiel wurde bei vielen indogermanischen Völkern eine magische Wirkung zugeschrieben. Am ausgeprägtesten ist dieses Motiv bei den Griechen (Apollon, Orpheus), Germanen und Kelten (Dagda).

König Godmund saß auf seinem Hohen Sitz und der Bräutigam neben ihm. Hraerek bediente die Braut. Es ist nicht niedergeschrieben worden, wie die Anführer saßen, aber es ist bekannt, daß Sigurd auf der Hochzeit die Harfe spielte.

Als die Trinksprüche vorgebracht wurden, spielte Sigurd derart, daß die Leute sagten, daß sie so etwas noch nie gehört hätten. Aber er sprach, daß dies nur der Anfang sei. Der König bat ihn, nicht an Mühe zu sparen.

Als der Erinnerungs-Kelch, der dem Thor geweiht war, hereingebracht wurde, veränderte Sigurd die Melodie. Da begann alles, was lose war, sich zu bewegen: Messer und Teller und alles, was niemand festhielt und die meisten der Leute erhoben sich von ihren Sitzen und wiegten sich auf dem Boden hin und her. Dies ging so für eine lange Zeit.

Dann kam der Trinkspruch, der sich an alle Götter wendete. Sigurd veränderte wieder die Melodie und spielte so laut, daß es ein Echo in der Halle gab.

Alle, die in der Halle waren, standen auf außer dem Bräutigam und der Braut und dem König und alle bewegten sich in der Halle umher. Dies ging so für eine lange Zeit.

Der König frug, ob er noch andere Melodien kenne, aber er sprach, daß es noch ein paar kleine gäbe und er schlug vor, daß sich alle erst einmal ausruhten. Da ließen sich die Leute nieder um zu trinken.

Dann spielte er die „Menschenfresserin-Melodie" und die „Traum-Werkstatt" und das „Plünderungs-Lied".

Als nächstes kam der Trinkspruch an Odin. Da öffnete Sigurd seine Harfe und sie war ganz mit Gold ausgeschlagen. Er nahm einen weißen, goldbestickten Handschuh heraus und zog ihn an. Dann spielte er die Melodie, die „Halstuch-Zerrer" genannt wird und alle Halstücher der Frauen erhoben sich in die Luft und tanzten über den Querbalken des Daches. Die Frauen und die Männer sprangen auf und nichts blieb an seinem Platz.

Als die Trinksprüche beendet waren, wurden die Trinksprüche an Freya vorgebracht, die zu dem letzten Kelch, der getrunken wurde, gehörten. Da legte Sigurd seine Finger an die Saite, die quer zu allen anderen Saiten liegt und bat den König, sich für die Melodie, die „machtvoller Schlag" genannt wird, vorzubereiten. Der König war so erschrocken, daß er aufsprang und ebenso die Braut und der Bräutigam und niemand tanzte ausgelassener als sie. Dies ging so für eine lange Zeit.

Da nahm Smidur die Braut und tanzte nur um so ausgelassener.

Eine „Hard-Rock-Party mit Harfe" …

5. b) Beowulf-Epos

Auch im Beowulf-Epos wird beschrieben, daß die Gesänge der Dichter von der Harfe begleitet wurden:

Daß an jeglichem Tage / Jubel erscholl
In der Halle hell / und die Harfe ertönte
Zu des Dichters Sang. / Von dunkler Vorzeit
Zu melden wußt' er, / von der Menschheit Ursprung,
Wie der Allgewalt'ge / die Erde schuf
Den wonnigen Anger / vom Wasser umgürtet,
Wie der Siegberühmte / Sonne und Mond

Als Leuchten setzte / den Landbewohnern,
Wie er herrlich schmückte / der Heide Säume
Mit belaubtem Geäst / und Leben verlieh
Allen den Wesen, / die atmend sich regen.

Diese Harfen waren zunächst noch recht einfache Leiern wie der Nachbau der in dem Hügelgrab von Sutton Hoo gefundenen Harfe der Angelsachsen zeigt.

Die Entwicklung der Harfe

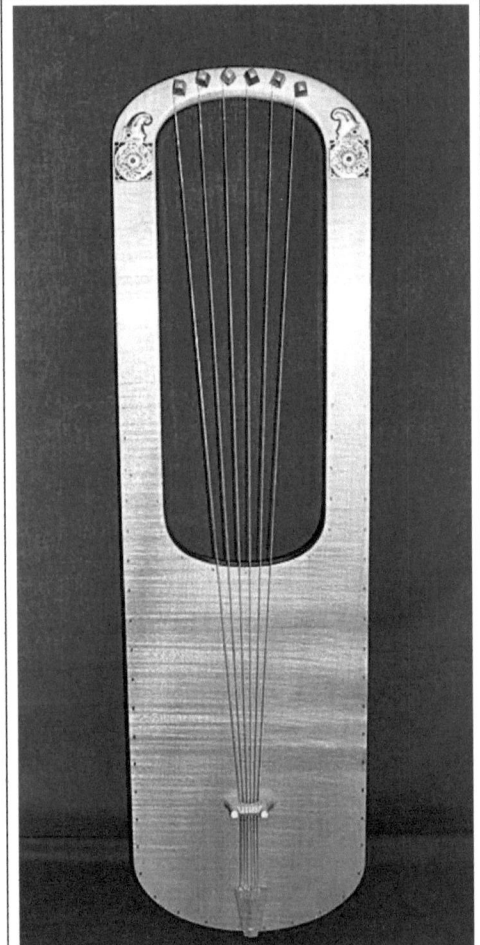

Harfe des irischen Königs Brian Boru
ca. 1000 n.Chr.

Nachbau der Harfe aus dem Hügelgrab
von Sutton Hoo, ca. 650 n.Chr.

5. c) Gesta danorum

Der Mönch Saxo grammaticus schrieb über den Gott Hödur, den er als einen Helden der Vorzeit auffaßt und „Hother" nennt, daß er ähnlich wie Sigurd in der Bosa-Saga nach Belieben in seinen Zuhörern Gefühlen hervorrufen konnte.

Niemand war geschickter auf der Leier oder der Harfe; und er konnte sehr gut mit dem Tamburin, der Flöte und jedem Saiteninstrument umgehen. Mit dem Wechsel der Tonarten konnte er die Gefühle der Menschen in die Leidenschaften führen, in die er sie bringen wollte; er wußte, wie man die Herzen der Menschen mit Freude oder Trauer erfüllte, mit Mitleid oder mit Haß und er hüllte die Seelen seiner Zuhörer oft in den Schrecken und das Entzücken des Ohres.

5. d) Der Seherin Vision

Da saß am Hügel und schlug die Harfe
Der Riesin Hüter, der heitre Egdir.
Vor ihm sang im Vogelwalde
Der hochrothe Hahn, geheißen Fialar.

In diesem Lied wird von einem Harfner erzählt, der auf einem Hügel saß und spielte. Da vor ihm der Weltenbaum-Hahn Fialar saß, wird man seinen Hügel als ein Hügelgrab und somit als den Eingang ins Jenseits ansehen können. Da die Harfner ursprünglich auch Priester gewesen waren, ist dies ein passender Ort für das Spielen der Harfe – schließlich ist es die Aufgabe der Priester, die Verbindung zwischen den Menschen im diesseits und ihren Ahnen und Göttern im Jenseits herzustellen.

Der Riese Egdir ist vermutlich der Gott Tyr entweder im Jenseits oder bei seiner morgendlichen Rückkehr aus dem Jenseits. Falls das zutreffen sollte, wäre dies wieder eine Verbindung zwischen Tyr und dem Harfner-Dichter Bragi. Auch der keltische Göttervater Dagda besaß eine Harfe, die sogar magische Fähigkeiten hatte.

Der Hahn ist vermutlich der Seelenvogel des Egdir.

Die Riesin ist möglicherweise Angrboda, die von ihrem Charakter her der Hel nah verwandt ist, zu der man durch das Hügelgrab gelangen kann. Sie wäre dann ursprünglich die Jenseitsgöttin gewesen, die Tyr am Morgen wiedergebiert.

6. Zusammenfassung

„Bragi" bedeutet „Geschickter, Fürst, Priester" und „Dichter". Er ist der wort-
fertige Ase der Rede- und Dichtkunst. Seine sprachliches Geschick wurde durch das
Motiv ausgedrückt, daß Bragi auf seine Zunge Rede-Runen gemalt hat.

Bragi ist eng mit dem Götter- und Dichtermet verbunden und seine Frau Idun mit
den Äpfeln der ewigen Jugend. Beide Symbole gehen letztlich auf den Met zurück,
der die Wiedergeburt und somit das Leben im Jenseits verleiht.

Kinder der beiden Asen werden nur an einer Stelle erwähnt, an der diese Kinder
eine recht späte Zutat sein könnten.

Der Ase Bragi ist Odins Sohn und verkörpert dessen Redner- und Dichter-Aspekt
sowie auch Odins Besitz des magischen Mets. Vor 500 n.Chr. wird Bragi der
Dichter-Aspekt und evtl. auch der Sohn des Tyr gewesen sein sowie möglicherweise
auch der Priester-Apsekt des Tyr.

Der friedliche Bragi wurde auch als Odins Skalde, als sein Bote und sein
„Empfangs-Mann" für seine Gäste in Walhalla angesehen.

Der Priester-Aspekt des Bragi zeigt sich in seiner Verbindung zu dem Dichter-Met,
der noch immer als „heiliges Ritual-Getränk" aufgefaßt wurde, bei dessen Trinken
man Eide schwor. Das Gefäß, aus dem man bei solchen Eiden den „Bragafull" trank,
sind ursprünglich Schädelschalen gewesen.

Bragi wird manchmal wie die germanischen Priester-Skalden auf einem Hügelgrab
gesessen und dort Harfe gespielt haben, um die Verbindung zu den Ahnen und
Göttern herzustellen.

Auch die Lieder über die Götter und Helden und Könige wurden zu der Harfe vorgetragen. Die Wirkung dieses Harfenspiels und dieses Gesang wurde als magisch
angesehen. Man traute guten Harfnern und somit auch dem Gott Bragi zu, die
Gefühle und Taten der Menschen lenken zu können und sogar mit den Saitenklängen
sogar Gegenstände tanzen zu lassen.

Das typischste äußerliche Merkmal des Bragi ist sein geradezu sprichwörtlicher
langer Bart.

II   Das Aussehen des Gottes Bragi

Über Bragis Aussehen ist vor allem sein langer Bart bekannt. Er wird zudem ein
Harfner sein.

Bragi wird als friedliebend, weise, scharfsinnig und hellsichtig beschrieben und er
kennt all die alten Lieder, Mythen und Sagen, was sich auch in seinem Gesichts-

ausdruck zeigen wird. Sein Gesicht wird auch widerspiegeln, daß Bragi der Gott der Richtigkeit und der Schönheit ist.

Auf seine Zunge stehen eine oder mehrere Runen geschrieben. Dies sind evtl. die Tyr-Rune (Bragi ist ein Aspekt des Tyr), die Sol-Rune (Sonnenschild) und die Peorth-Rune (Kelch mit dem Göttermet).

Insgesamt wird Bragi dem Baldur ähnlich gesehen haben – vermutlich wie ein älterer Bruder von ihm.

Man kann sich Bragi an einem Julfest mit Harfe und Schädelschale sowie mit einem Kessel voll Met vorstellen.

Bragi wird von seiner Frau Idun begleitet. Hinter ihm steht sein Vater Odin – seine Mutter ist unbekannt – was für eine späte Umdeutung des Bragi zu einem Odin-Sohn spricht.

Wenn man die älteren Mythen vorzieht, würde hinter Bragi stattdessen Tyr stehen – evtl. auf seinem Hügelgrab mit Goldhelm, Sonnenschild und Flammenschwert und auf seiner Harfe spielend.

Ein Tempel des Bragi ist nicht bekannt, aber auch er wird eine Halle besessen haben – evtl. zusammen mit Idun.

III   Die Vorgeschichte des Gottes Bragi

Es gibt einige ähnliche Götter wie Bragi bei den Indogermanen z.B. wie den griechischen Orpheus, aber ein direkter Zusammenhang ist nicht vorhanden.

Der Aspekt des Dichters und Harfners findet sich ebenfalls häufiger bei dem Sonnengott-Göttervater wie bei dem keltischen Dagda oder bei dem verselbständigten Sonnengott-Aspekt des Göttervaters wie bei dem griechischem Gott Apollon.

Es hat jedoch den Anschein, als ob diese Entstehungen von Dichtergöttern unabhängige Parallelentwicklungen gewesen wären, da sie alle einen recht unterschiedlichen Charakter haben: Dagda ist noch immer der Sonnengott-Göttervater, Apollon ist nur noch der Sonnengott, Bragi ist der Dichter-Aspekt des Sonnengott-Göttervaters, und Orpheus ist schließlich möglicherweise ein vergöttlichter Dichter.

Daher läßt sich kein Stammbaum des indogermanischen Dichtergottes aufstellen.

Die Stellung des finnischen Dichter-Zauberers Väinämöinen aus der Kalevala, dessen Charakter vermutlich durch die germanische Mythologie mitgeprägt worden ist, ist eine Mischung aus Gott und zauberkundigem Dichter.

Bei den Indogermanen ist der Kultsänger/Dichter zudem ein Aspekt des Priesters gewesen, sodaß auch immer ein enger Zusammenhang des Dichters zur Religion und zur Magie bestanden hat. Am bekanntesten ist dies vermutlich von den Kelten, bei denen die Druiden (Priester) und die Sänger (Barden) noch weitgehend derselbe Berufsstand gewesen sind.

IV   Die Biographie des Bragi

Bragi ist recht sicher ursprünglich der Dichter/Harfner-Aspekt und evtl. auch ein Priester-Aspekt des Tyr gewesen und somit auch der Richtigkeits-Aspekt des Tyr, also der Aspekt der Erhaltung der rechten Ordnung und somit auch der Schönheit in allen Dingen.

Es ist gut denkbar, daß der Göttermet bis 500 n.Chr. mit Bragi als dem Skalden-Aspekt des Tyr verbunden gewesen ist und daß Odin dann die Rolle des Tyr über-nahm, wodurch Bragi zu dem Sohn und zu dem Skalden des Odin wurde. Die Um-deutung des Unsterblichkeitsmets in den Skaldenmet könnte durch Bragi mitgeprägt worden sein.

Idun könnte bis 500 n.Chr. wie Gunnlöd die Göttin des Unsterblichkeitsmets gewe-sen sein und in dieser Funktion zu der Frau des Bragi geworden sein.

V   Traumreise zu Bragi

Diese Traumreise hat 25 Minuten gedauert und war deutlich länger als die Traum-reisen zu Hödur und zu Widar.

„Bragi, ich würde Dich gerne kennenlernen."
Ich warte längere Zeit auf eine Reaktion und sehe dabei schemenhafte Dinge.
„Kennst Du mich denn noch nicht?"
„Hm ... ich habe viel über Dich nachgedacht und ich habe eine Meinung über Dich, aber ich würde Dich gerne erleben."
„Dann komm."
Ich sehe ihn in einem Raum ... eher eine Halle ... Er sitzt am Boden und hält eine Harfe vor sich ... Da stimmt was nicht – es ist, als ob er eigentlich auf einer Bank sitzen würde, aber ich ihn trotzdem am Boden knien sehen würde ... er sitzt da am Boden ... Ich glaube, da habe ich jetzt meine eigene Harfe in seinen Händen gesehen

... hm ... Es ist keine einfache Leier, die er da hält – wie die aus Sutton Ho oder die des Apollo. Es ist eine keltische Harfe wie die des Königs Brian Boru – das Modell, das auch ich für mich gebaut habe. ... O.k. – das sehe ich jetzt eben so.

Wieder eine längere Pause.

Hm, komisch – ich höre die Harfe, obwohl er nicht spielt ...

Lauschen und warten ...

„Bragi? ... Bist Du das oder ist das mein Bild von Dir?"

„Das ist Dein Wunschbild von mir."

Seufzer ...

„Deshalb sitzt Du auch so ... nein, Du sitzt ja nicht so, wie man heute beim Spielen einer keltischen Harfe sitzen würde – mit untergeschlagenen Beinen und mit der Harfe zwischen den Knien. ... ... Kannst Du mir zeigen, wie Du gewesen bist?"

Das Bild ändert sich – er sieht düsterer und größer aus ... mehr wie ein Krieger – zumindestens energischer. ... Nein, eigentlich nicht wie ein Krieger – er sieht auch ziemlich alt aus ... und jetzt hat er auch so eine alte Harfenform in der Hand, also so wie eine Leier, die ungefähr sieben Saiten hat und nicht über dreißig so wie die keltische Harfe.

Sehr tiefer Seufzer ... ich scheine gerade das neue Bild anzunehmen ...

„Bragi, ist das Bild, das ich in meinem Buch von Dir entworfen habe – ist das so zutreffend?"

„Das ist zutreffend, ja."

„Gibt es Dinge, die ich übersehen habe?"

Ich warte eine Weile auf eine Antwort ...

„Ich trage Schwert und Harfe – nicht nur die Harfe."

„Und der Spott von Loki?" (über die Schwäche des Bragi)

„Nun – der ist Spott."

Pause ...

„Viele von den germanischen Dichtern, also von den Wikinger-Dichtern, die sind ja gleichzeitig Krieger und Dichter – ist das ein altes Bild?"

„Nunja, die Germanen waren ein kriegerisches Volk – von daher war jeder auch ein Krieger."

Pause ...

„Kannst Du mir etwas zeigen, was ich über Dich noch nicht weiß?"

Warten auf eine Antwort ...

„Komm mit."

Wir gehen in einen ziemlich dunklen Raum, es ist ein germanisches Langhaus ... Wir gehen ganz an ein Ende des Langhauses, an eine Stirnseite. ... Da ist eine Nische für die Götterstatuen. ... Bragi zündet ein Feuer an ... sodaß man mehr sehen kann.

Er sitzt vor der Nische ... ganz andächtig, in sich gekehrt oder auf die Götter ausgerichtet. Ich setzte mich auch so hin – rechts neben ihn.

Ich schaue, ob ich innerlich in ihn treten darf.

„Bragi? Darf ich in Dein Bewußtsein kommen?"

„Ja. Dafür tue ich das hier."

Ich wechsle in ihn hinüber.

Es ist weiter, klarer, schlichter ... eindeutiger, entschiedener ... ich sehe Tyr als Sonnengott-Göttervater vor uns.

Ich schaue und warte ...

Ich sehe und erlebe Bragi als Teil von Tyr.

Ich schaue wieder und warte ...

Diese Weite und Einfachheit ist ein allgemeines Merkmal von Gottheiten ... Sie haben eine klare Qualität und sind aber grenzenlos ...

Tiefer Seufzer ...

Die Qualität von Bragi ... die mag ich sehr. ... Richtigkeit und Schönheit und Harmonie ... und gleichzeitig diese Entschiedenheit.

Ich spüre dem nach ...

Das ist wie das Ma'at der Ägypter, das Me der Sumerer, das Tashi der Tibeter, das Tao der Chinesen, das Ho'Zhong der Navahos ... Das ist das, was ich gut finde, ja.

Pause ...

Bragi denkt – und weil ich in ihm bin, höre ich das – daß die Richtigkeit sich wandelt.

„Das war mir noch nicht klar."

„Die wandelt sich, wenn neue Dinge zu dem System hinzukommen – neue Erkenntnisse, Entdeckungen, neue Möglichkeiten."

...

„Das heißt, die Qualität dieser Richtigkeit ist immer gleich – aber die konkrete Form, die die Richtigkeit annimmt, entwickelt sich?"

„So ist es."

...

„Die Richtigkeit ist wie die Speichen eines Rades – sie müssen genau stimmen. Sie ist wie die Saiten auf einer Harfe. Sie müssen auch genau gestimmt sein – sonst kann man nicht auf ihr spielen."

...

„Ist es diese Entwicklung, die Du mir zeigen wolltest?"

„Warte."

...

Ich sehe die Sonne leuchten. Dann merke ich, daß das nicht nur das Leuchten der konkreten Sonne ist, sondern auch das Leuchten der Seele. Und wenn die Richtigkeit da ist, da kann dieses Licht der Seele, diese Impulse aus ihr, ungehindert bis in jede Haltung und Handlung dieses Menschen fließen, strömen, strahlen. ... Dann ist man im Einklang mit sich selber. ... Dann hat man das geschafft, was über dem Eingang zu dem Orakel von Delphi stand: 'Erkenne Dich selber.'

...

„*Und das alles, Bragi – bist Du das auch schon damals bei den Wikingern gewesen?*"

„*Das war schon sehr in den Hintergrund gerückt. Odin hat die Qualitäten der Selbstfindung übernommen – er war ja der Mysterien-Gott.*"

„*Und vorher? Vor 500 n.Chr.?*"

„*Da war das deutlicher. Aber die Richtigkeit – die war nicht so friedlich wie das, was Du für Dich als Richtigkeit wahrnimmst. Das Element des Kriegers war darin wichtig. Das ist der Hauptunterschied zu dem, was Du als Richtigkeit empfinden kannst, weil Du ein friedlicher Mensch bist.*"

...

„*Ja, das verstehe ich.*"

Längere Pause ...

„*Gibt es etwas, was Du möchtest, was noch in meinem Buch über Dich stehen sollte?*"

...

„*Liebt euch selber. ... Anders könnt ihr die Richtigkeit nicht erreichen. ... Und anders könnt ihr nicht die sein, die ihr wirklich seid.*"

...

„*Danke Bragi – so schlicht habe ich das noch nie formulieren können. ... Gibt es etwas, was Du mir persönlich sagen möchtest?*"

...

„*Hab keine Angst. Es kommt etwas, was gut ist für Dich.*"

...

„*Ja, ich sehe gerade, daß meine Lebensgrundlage wackelt – oder unklar ist, aber da ist in mir tatsächlich mehr ein Aufbruchgefühl als eine Angst. Das ist neu. ... ... Ist mein Vorgehen im Moment sinnvoll?*"

„*Probier es aus. Du brauchst die Erfahrung, ob es sinnvoll ist.*"

„*O.k.*"

Pause ... dann ein sehr tiefer Seufzer ...

„*Und – kannst Du mir dabei helfen?*"

„*Zu finden, womit Du Dein Geld verdienst?*"

„*Ja.*"

...

„*Tu, was Dir richtig erscheint – und dann schau, wohin es führt. Die Erfahrung ist wichtig – die kannst nicht abkürzen. Wenn Du es nur weißt, ist es was anderes als wenn Du es erlebt hast.*"

„*Ja, das kann ich verstehen. ... Danke, Bragi! ... Gibt es noch etwas, was Du mir sagen oder zeigen möchtest?*"

...

„Spiel wieder mehr Harfe. Das wird Dir gut tun."

„Danke ... Ich möchte Dich noch fragen, ob Idun erst in den neueren Mythen Deine Frau geworden ist oder ob das schon länger so war."

„Das war schon länger so."

„Und vor 500 n.Chr.?"

„Da war ein Idun ein Aspekt der Jenseitsgöttin und ich ein Aspekt des Tyr ... die Jenseitsgöttin hat Tyr wiedergeboren. In dem Ritual war der Unsterblichkeitsmet wichtig."

„Diese Jenseitsgöttin – war das Freya?"

„Ja."

„Ist Idun aus einem Aspekt der Freya entstanden?"

„So ist es."

...

„Das klingt sehr schlicht und sehr logisch. ... Das hat sich dann um 500 n.Chr. beim Umbau der Tyr-Mythen in Odin-zentrierte Mythen verselbständigt?"

„Ja."

...

„Danke Bragi."

Er lächelt ...

Ich trete aus Bragis Bewußtsein wieder heraus ... Ich sehe neben ihm in diesem Langhaus. Ich lächle ihm zu. ... Dann will ich wieder zurückkehren.

„Hm – da fehlt was. ... Was fehlt denn?"

...

Ich schaue auf diese Altarnische und verneige mich und danke dem Gott Tyr.

Die beiden lachen. Warum lachen die?

„Warum lacht ihr?"

Bragi: „Weil Du Dich verneigst."

...

„Wäre etwas anderes passender?"

Bragi: „Freude."

Da muß ich selber lachen ... Diese Freude kann ich spüren ... Freude über euch, ja

...

„Ich habe als Kind Wappen für mich selber entworfen und mein Lieblingswappen bestand aus einer Harfe und einem Schwert dahinter."

Ich muß leise vor mich hin lachen ...

„Und jetzt sehe ich euch – den Harfengott und den Schwertgott ... ... Ihr meint, ich habe da was gefunden?"

„Ja."

Ich muß wieder leise vor mich hin lachen ...

„Gibt es da noch mehr zu entdecken?"

„Es hat sich noch nicht ganz entfaltet, ja."

„Dann bin ich sehr gespannt."

Ich muß schon wieder vor mich hin lachen ...

„Gibt es etwas, wie ich das ... hm ... sozusagen gießen kann, daß es gedeiht?"

„Spiel Harfe. ... Das ist der nächste Schritt."

„Das habe ich die letzten Tage schon ein paarmal gedacht ... daß das eigentlich gut wäre. ... Aber dann habe ich doch immer wieder stattdessen vor allem an meinen Büchern geschrieben. ... O.k. Vielen Dank, ihr beide! ... Bis bald!"

„Wir sind da."

Ich kehre zurück und irgendwie bleibe ich aber verbunden – es ist so, als würde ich die Traumreise beenden, aber als würde ein Teil meines Bewußtseins bei Tyr und Bragi bleiben. ... Fühlt sich gut an.

...

„Ho!"

VI Die heutige Bedeutung des Bragi

Bragi kann mehrere Bedeutungen für einen Menschen in der heutigen Zeit haben.

Zunächst einmal kann man ihn als Förderer der Dichter, Sänger, Harfner und allgemein der Musiker anrufen.

Dann ist er als Gott des Skaldenmets auch der Gott des Unsterblichkeitsmets – diese Rolle hat nach 500 n.Chr. Odin von ihm übernommen. Man kann sich daher auch an Bragi, Odin und natürlich auch an Idun wenden, wenn man Jenseitsreisen erlernen will, seine eigene Seele kennenlernen will oder eine Therapie, also eine moderne Form der Selbstfindung machen möchte.

Schließlich ist Bragi als Dichter und Harfner auch der Gott der Richtigkeit, die die grundlegende Qualität in den magisch-mythologischen Weltbildern ist. Zu der Richtigkeit in der Landwirtschaft gehört z.B. der richtige Aussaattermin, zu der Richtigkeit eines Rades seine vollkommen runde Form und zu der Richtigkeit des Sonnengottes sein morgendliches Aufsteigen am Himmel.

Der Richtigkeits-Aspekt eines Menschen ist dessen Seele, d.h. daß es aus einem magisch-mythologischen Weltbild heraus erstrebenswert ist, im Einklang mit der eigenen Seele zu handeln, also sich selber treu zu sein.

Die Sumerer haben dazu mehrere Sprichwort gehabt. Eins von ihnen lautet: „Ohne das eigene Me (Richtigkeit, Seele) gelingt einem nichts – mit dem eigenen Me gelingt einem alles."

Zu dieser Selbsttreue könnte man auch die Kenntnis des eigenen Horoskopes rechnen, das es erleichtert, so zu handeln, wie es einem selber entspricht.

VII Hymne an Bragi

Diese Hymne ist wieder ein Neudichtung, die eine kurze Zusammenfassung des Charakters des Bragi darstellt und zur Verwendung in Meditationen, Ritualen u.ä. gedacht ist.

1. An Bragi

Gott des Skaldenmets und Sohn des Tyr
Du wurdest wiedergeboren durch Syr[9],
dann begannst Du auf dem Hügelgrab der Harfe Spiel:
das Lied, das Tyr sang auf dem Sonnen-Kiel[10].

Friedens-Ase, Freund des Baldur[11],
Vertreiber der Nacht des Hödur:
Du suchst das Schöne, Rechte, Lichte
dem bist Du treu in der ganzen Geschichte.

Harfner, Hüter der alten Lieder,
heute singst Du die alten Weisen wieder und wieder ;
hilf mir, in der rechten Weise singen,
und die Verse den Hohen[12] als Opfer zu bringen.

Mann der Idun, mächtiger Skalde,
Du sprichst heilige Worte im heiligen Walde,
kündest als Redner die alten Mythen
Deine Verse sind wie Sturm, wie Blüten!

---

9 Syr = Sau = Beiname der Freya als Jenseitsgöttin
10 Kiel = Schiff; Sonnen-Kiel = Sonnenbarke des Tyr
11 Bragis Freundschaft mit Baldur ist nicht überliefert, aber sie liegt aufgrund des ähnlichen
   Charakters der beiden Götter nahe.
12 Hohe =Asen

Langbart, Leiter des Ritus des Mets,
Licht im Tempel – das bist Du, immer und stets;
Du hältst die Schädelschalen der Ahnen,
Du rufst den Segen von Asen und Wanen.

Skalden-Ase, Sohn Siegvaters[13],
Schenke mir von dem Met des großen Raters[14]:
Hilf mir, klingende Verse zu reimen,
die aus meinem Herzen keimen!

---

13 Siegvater = Odin
14 Rater = Berater, Richter = Ase; großer Rater = Odin

D Wali Odin-Sohn

I Wali in der germanischen Überlieferung

Die Germanen kannten zwei Göttersöhne mit dem Namen „Wali" oder „Vali". Der eine ist der Sohn des Odin und der Rindr und der andere der Sohn des Loki. Vermutlich sind beide ursprünglich derselbe Gott gewesen.

1. Der Name „Wali"

Wahrscheinlich leitet sich der Name „Wali/Vali" von dem Verb „wal" für „wählen" ab. „Wali" wäre dann der „Auserwählte" oder evtl. auch „der, der wählt". Da seine Hauptfunktion in den Mythen die Rache für seinen Halbbruder Baldur ist, ist er wohl der, „der für die Rache auserwählt wurde".

Da der Begriff „Wahl" (germanisch: „wal") fest mit Odins Totenhalle „Walhalla" („Halle der Ausgewählten") und mit den Walküren („Wählerin") assoziiert wurde, hatte „wal" auch die Nebenbedeutung „Toter" erhalten. „Walküre" ist eigentlich ein doppelt definiertes Wort, da sowohl „wal" als auch „kjosa" die Bedeutung „wählen" haben. Durch die Verschiebung der Bedeutung von „wal" zu „Toter" sind die Walküren zu den „Frauen, die wählen, wer für den Tod bestimmt ist" geworden.

Mit der Bedeutung „Toter" könnte auch das Verb „vála" für „weinen" (englisch: „to wail") zusammenhängen. Es ist aber unwahrscheinlich, daß solch ein Weinen ein Teil der Assoziationen zu dem Gottesnamen „Wali" gewesen ist.

Die Namensform „Ali" ist vermutlich nur eine Verkürzung des Namens „Wali" und hängt nicht mit dem Adjektiv „ali" für „anders, fremd, ausländisch" zusammen (englisch: „alien") . Das Wort „ali" ist evtl. mit dem Wort „wal" für „Toter" verwandt – die Wurzel beider Worte könnte die Bedeutung „die in dem Bereich jenseits des Vertrauten" gewesen sein. Das ist jedoch nur eine Vermutung.

Schließlich könnte es auch noch einen Zusammenhang des Gottesnamens „Wali" mit dem Verb „wald" für „herrschen" gegeben haben, das sich im Deutschen noch in dem Begriff „Verwalter" findet. Da jedoch in keiner Namensvariante des Gottes ein „d" am Ende zu finden ist, ist dies unwahrscheinlich.

Als letztes ist noch eine Verwandtschaft mit „Wala" und „Völuspa" denkbar. Beide Namen bedeuten „Stabträgerin" und sind mit dem deutschen „Wall" („Erdaushub mit Pfostenmauer") verwandt. Die Stäbe der Seherinnen sind ihre „Zauberstäbe", die als

Symbol des Weltenbaumes ihre Verbindung zu den Asen im Himmel darstellen. Auch andere indogermanische Seher und Seherinnen haben sich nach diesem Weltenbaum-Symbol benannt – „Druide" bedeutet z.B. „Eichen-Seher".

Da das Wort „val" für „Stab, Pfosten" im Germanischen jedoch nur noch als Name der Seherinnen in Gebrauch gewesen zu sein scheint und wohl erst später wieder aus dem lateinischen „vallum" zurückentlehnt wurde, ist eine Verwandtschaft des Namens „Wali" mit „val" für „Stab" unwahrscheinlich.

Der Name „Wali" bedeutet somit recht sicher „der (für die Rache) auserwählt wurde".

2. Der Ase Wali Odin-Sohn

2. a) Gylfis Vision

Ali oder Wali heißt einer der Asen, Odins Sohn und der Rinda. Er ist kühn in der Schlacht und ein guter Schütze.

Odin ist der Göttervater und Rindr je nach Textquelle eine Erdgöttin, eine Riesin oder eine Königstochter. „Rinda" bedeutet in etwa „Fundament".

Ob Walis „Kühnheit in der Schlacht" und seine Fähigkeiten im Bogenschießen hier als präzise Angabe und Hinweis auf eine bestimmte Mythe zu werten ist, ist zumindestens unsicher. Als ein effektiver Rächer muß er natürlich ein guter Kämpfer sein.

Möglicherweise ist der ehemalige Sonnengott-Göttervater ein Bogenschütze gewesen.

2. b) Asen-Heitis

„Wali" findet sich als einer der Asen auch in einer Aufzählung der Namen der Asen, deren Verfasser unbekannt ist:

Ich werde euch
die Asen-Heitis sagen:
Dies sind Yggr und Thor
und Yngvi-Freyr,

119

Vidar und Baldur,
Vali und Heimdall,
das sind Tyr und Njörd,
weiterhin Bragi,
Hödur, Forseti,
und schließlich ist da noch Loki.

3.   Die Wali-Mythe

3. a)   Wegtam-Lied

In diesem Lied wird Walis Aufgabe und Funktion beschrieben.

Die folgenden Zeilen sind eine wörtliche Übersetzung des Original und unterscheiden sich daher von der „klassischen Version" von Karl Simrock, die etwas freier übersetzt ist, um den Stabreim beibehalten zu können.

Wegtam (Odin)*:*
„Schweig nicht, Wala, ich will Dich fragen
Bis ich alles weiß. Ich wüßte gerne,
Wer uns Rache an Hödur gewinnen wird,
Und zum Bühle bringen Baldurs Mörder?"

Wala (Jenseitsgöttin)*:*
„Rinda wird Wali in den Hallen des Westens gebären;
dieser Odins-Sohn wird (Hödur) *töten, wenn er eine Nacht alt ist.*
Er wäscht nicht die Hand, er kämmt nicht das Haar
Bis er Baldurs Mörder zum Bühle brachte.
Genötigt sprach ich, nun will ich schweigen."

Ein „Bühl" ist ein Hügel, womit hier entweder ein Hügelgrab oder der Scheiterhaufen gemeint ist, auf dem die Toten bei ihrer Bestattung verbrannt wurden.

„Rindas Halle im Westen" könnte ein Hinweis auf den Sonnenuntergang und somit auf den Eingang in die Unterwelt sein.

Zu diesem Motiv gehört wahrscheinlich auch, daß Wali den Baldur rächte, als er erst eine Nacht alt gewesen ist, denn nach einer Nacht folgt auf die „Hallen im Westen" der Sonnenaufgang im Osten. Es liegt folglich der Verdacht nahe, daß die Mythe des Wali von der Sonnensymbolik der Indogermanen geprägt worden ist, in der der

Tod und die Wiedergeburt des Göttervaters Tyr und auch der Toten allgemein dem Sonnenuntergang bzw. dem Sonnenaufgang gleichgesetzt worden ist. Dieses Gleichnis findet sich aufgrund ihrer Einfachheit in den Mythen fast aller Völker.

Diese Sonnensymbolik tritt des öfteren im Zusammenhang mit dem ehemaligen Göttervater Tyr auf. Es wäre daher gut denkbar, daß Wali ursprünglich der wiedergeborene Göttervater Tyr/Odin am Morgen gewesen ist. Dann wäre Wali der wiedergeborene Odin, der auch in der Edda Walis Vater ist.

Aus diesem Zusammenhang läßt sich ableiten, daß wohl auch die Mythen des Baldur von dieser Sonnensymbolik mitgeprägt worden sind. Dazu paßt gut, daß die Sonnengötter im allgemeinen auch die Bewahrer des Schönen, Guten und Richtigen sind – wie Baldur. Der bekannteste dieser Art von Gottheit bei den Indogermanen ist vermutlich der griechische Apollon.

Der Brauch, sich nicht zu waschen und sich nicht die Haare zu schneiden, bevor man nicht ein bestimmtes Ziel erreicht hat, war bei den Germanen weit verbreitet. So schwor z.B. König Harald um ungefähr 872 n.Chr., König von ganz Norwegen zu werden. Da er sich ab diesem Zeitpunkt nicht mehr das Haupthaar, den Bart und auch nicht die Fingernägel schnitt, wurde er schon bald „Harald Struwelkopf" genannt. Als er dann nach ungefähr 20 Jahren sein Ziel erreicht hatte und einen Barbier aufgesucht hatte, wurde er anschließend in „Harald Haar-schön" umbenannt.

3. b)   Die Vision der Seherin

Der folgende Text ist wieder eine wörtliche Übersetzung des Originals, die daher von der „klassischen Version" von Karls Simrock abweicht.

Ich sah dem Baldur, dem blutenden Gott,
dem Sohn des Odin, sein Schicksal bestimmt:
Berühmt und schön stand hoch über den Wiesen
zu voller Kraft herangewachsen, der Mistelzweig.

Aus dem Zweig, der so schlank und schön schien,
wurde ein schädlicher Stab, den Hödur schießen sollte;
aber schon nach kurzem wurde Baldurs Bruder geboren
und als er eine Nacht alt war, kämpfte Odins Sohn.

Seine Hände wusch er nicht, seine Haare kämmte er nicht,
bis er Baldurs Feind zum Todesfeuer trug.
Doch in Fensalir weinte Frigg bitterlich
um Walhalls Verlust – wollt ihr noch mehr wissen?

Baldur wurde von dem blinden Hödur, ohne daß dieser dies wollte, durch eine List des Loki mit einem Mistelpfeil erschossen.

„Fensalir" („Sumpfsaal") ist Friggs Halle.

„Walhalla" („Halle der erwählten Toten") ist Odins Halle. „Walhalls Verlust" ist Baldur.

„Odins Sohn", der den Baldur rächt, ist Wali. Da auch hier das Motiv des Alters von einer Nacht und der nicht gekämmten/geschnittenen Haare auftritt, wird dies ein altes Motiv sein.

3. c) Skaldskaparmal

„Wie soll man Váli umschreiben?"

„Folgendermaßen: Indem man ihn Sohn des Odin und der Rindr nennt, Stiefsohn der Frigg, Bruder der Asen, Baldurs Rächer, Feind und Töter des Hödur, Bewohner der Heimstätten der Väter."

Bis auf die letzte Kenning sind dies alles bereits bekannte Merkmale des Vali.

Die „Heimstätten der Väter" sind vermutlich die Hügelgräber. Dies würde bedeuten, daß Vali in den Hügelgräbern wohnt – was für einen Asen, der erst eine Nacht alt ist, recht merkwürdig scheint. Wenn man jedoch die Sonnensymbolik hinzunimmt, würde sich Wali die Nacht über in der Unterwelt bzw. in den Hügelgräbern befinden, also in den „Heimstätten der Väter". Diese „Heimstätten der Väter" wären dann identisch mit den den „Hallen des Westens" von Walis Mutter Rinda.

Wali könnte durch diese Kenning aber auch als wiedergeborener Gott gekennzeichnet worden sein, der daher auch nach dem Ragnarök zusammen mit den anderen Göttersöhnen Baldur, Hödur, Widar, Modi und Magni auf dem Idafeld erscheint.

3. d) Hyndla-Lied

Auch in diesem Lied erscheint Wali wieder als der Rächer des Baldur.

Hyndla (Hel):
„Elf an der Zahl waren die Götter, die wir kennen,
als Baldur über den Hügel des Todes gelegt wurde,
und schnell zu seiner Rache Vali ritt
und bald den Mörder seines Bruders tötete."

Die Rache für den Tod des Baldur wird eine Variante des alten indogermanischen Themas des Kampfes zwischen dem Sommergott (Tyr) und dem Wintergott (Loki) sein, durch den die Jahreszeiten entstanden.

3. e) Odins Rabenzauber

In diesem Lied wird „Rindr" als „Walis Mutter" umschrieben.

Über die Wege von Walis Mutter
Nieder sank die Nahrung Fenrirs.
Vom Gastmahl schieden die Götter entlassend
Hroptr und Frigg, als Hrimfaxi auffuhr.

Die „Nahrung Fenrirs" ist der ehemalige Göttervater Tyr, dessen Hand der Fenris-Wolf abgebissen hat. Sein Niedersinken ist ein Symbol für den Anbruch der Nacht, da der Göttervater durch das Gleichnis zwischen seinem Tod und dem Sonnenuntergang auch als Bild für die Sonne benutzt werden konnte.

„Walis Mutter" ist die Erdgöttin Rindr, Ihre „Wege" sind die Erdoberfläche. Die Erdgöttin ist einst die Mutter der Sonne d,h. des Tyr gewesen.

„Hrimfaxi" („Reifmähne, Rußmähne") ist das schwarze Nachtpferd, das dann aufsteigt, wenn die Sonne untergeht.

Das „Niedersinken der Tyr" entspricht dem Tod des Baldur und es findet auch in den „Hallen der Rindr" statt – eben am westlichen Horizont, wo die Sonne untergeht. Morgens erscheint der wiedergeborene Tyr/Odin dann als Wali, der eine Nacht alte Sohn des Göttervaters, der dann seinen Tod am Abend (also Baldurs Tod) rächt.

3. f) Wafthrudnir-Lied

Die Wiedergeburtssymbolik des Wali findet sich auch darin wieder, daß er nach dem Ragnarök weiterlebt bzw. wiedergeboren wird. Dadurch wird Wali zu einem *„Bewohner der Heimstätten der Väter"*, wie es in der Skaldskaparmal heißt.

Der Ragnarök ist der Zyklus von Tag und Nacht sowie von Sommer und Winter, der zu einem einmaligen Ereignis umgedeutet worden ist. Dies ist eine Dynamik, die sich in sehr vielen Mythologien beobachten läßt, wenn das Königtum und in seiner Folge der Monotheismus zu entstehen beginnen.

Odin:
„Viel erfuhr ich, viel versucht ich,
Befrug der Wesen viel.
Wer waltet der Asen des Erbes der Götter,
Wenn Surturs Lohe losch?"

Wafthrudnir (Tyr):
„Widar und Wali walten des Heiligtums,
Wenn Surturs Lohe losch.
Modi und Magni sollen Miölnir schwingen
Und zu Ende kämpfen den Krieg."

4. g) Gylfis Vision

Snorri Sturluson berichtet über die Zeit nach dem Ragnarök dasselbe:

Da sprach Gangleri: „Leben denn dann noch Götter und gibt es noch eine Erde oder einen Himmel?"

Har antwortete: „Die Erde taucht aus der See auf, grün und schön, und Korn wächst darauf ungesät. Widar und Wali leben noch, weder die See noch Surturs Lohe hatte ihnen geschadet. Sie wohnen auf dem Idafeld, wo zuvor Asgard war.

Auch Thors Söhne, Modi und Magni, stellen sich ein und bringen den Miölnir mit. Danach kommen Baldur und Hödur aus dem Reiche Hels: da sitzen sie alle beisammen und besprechen sich und gedenken ihrer Heimlichkeiten, und sprechen von Dingen, die vordem sich ereignet, von der Midgardschlange und dem Fenriswolf. Da finden sie im Grase die Goldtafeln, welche die Asen besessen haben."

Nach dem Ragnarök treffen die Söhne der Götter (Widar, Vali, Modi, Magni) bzw. die wiedergeborenen Götter (Baldur, Hödur) auf dem Idafeld wieder zusammen.

Widar und Vali sind die zwei Söhne des Odin; Modi und Magni sind die beiden Söhne des Thor. Baldur und Hödur sind das Gegensatzpaar von Sommer und Winter, Diesseits und Jenseits.

Das Auftreten des Widar nach dem Ragnarök ist ein sehr deutlicher Hinweis darauf, daß es sich bei ihm um einen wiedergeborenen Gott handelt.

Da der Ragnarök ursprünglich ein zyklischer Vorgang gewesen ist, paßt auch dieser Aspekt zu dem in jeder Nacht bzw. in jedem Winter in die Unterwelt reisenden Sonnengott-Göttervater.

3. h)   Gesta danorum

In der „Gesta danorum" („Geschichte der Dänen") des Mönches Saxo grammaticus („Saxo der Schriftkundige") wird über die Begegnung zwischen Odin und Rindr und ihren Sohn Wali, der hier „Bous" genannt wird, in der Form einer Sage berichtet.

Die Bedeutung des Namen „Bous" oder „Boe" ist nicht sicher. Es gibt mehrere Herleitungsmöglichkeiten, von denen die Deutung „Siedler" am wahrscheinlichsten ist, auch wenn sie keinen Hinweis auf das Wesen des Wali enthält.

Der Name „Bous" / „Boe"			
Ursprung		*daraus gebildeter Name*	
Wort	*Bedeutung*	*Name*	*Bedeutung*
bui	Siedler, Bewohner	*Bui, Boye, Boe, Bo*	Siedler
bosi	Dicker (Penis?), Frauenheld	*Bosi*	plumper Mann, Dicker
bot-ulfr	Hilfs-Wolf	*Botolf, Bodel, Boel*	Hilfs-Wolf

Diese Geschichte ist bereits ausführlich in dem ersten Teil dieses Buches in der Beschreibung des Hödur dargestellt worden und kann dort nachgelesen werden.

In der Gesta danorum wird das folgende beschrieben: Odin hat aufgrund von Orakeln mit der Königstocher Rindr einen Sohn gezeugt, der der Rächer des Baldur werden sollte und dann auch den Hödur getötet hat. Hödur selber starb ebenfalls kurz nach der Schlacht, in der er von Wali besiegt worden ist.

3. i)   Chronicon Lethrense

Auch in der dänischen „Chronik der Könige von Lejre" wird die Mythe von Baldur, Hödur („Hother"), Odin, Wali („Both") und Thor als ein Teil der Königs-Annalen angesehen. Diese Chronik ist jedoch sehr viel kürzer als die „Gesta danorum".

Danach war Hodbrods Sohn Hother, der Sohn von Haddings Tochter, König – denn er war der nächste Erbe.

Hothers Vater war Hodbrod und seine Mutter die Tochter des Hadding (Tyr).

Er war der König des Sachsenlandes. Er tötete Othens (Odins) *Sohn Balder* (Baldur) *in einer Schlacht, und verfolgte Othen und Thor und seine Begleiter. Sie wurden als Götter angesehen obwohl sie keine waren. Später wurde er in einer Schlacht von Othens Sohn Both* (Wali) *getötet.*

3. j)   Die Saga über Illugi Grid-Ziehsohn

Der Gott „Wali/Ali" wird in dieser Saga nur kurz erwähnt:

Es lebte einst ein König mit dem Namen Ali, der über Alfheim herrschte. Er hatte eine Königin, die Alfrun hieß.

Der Name „Ali" ist identisch mit dem Namen des Odin-Sohnes „Wali".
„Alfheim" ist das Reich der Alfen, d.h. der „leuchtenden Totengeister". Dieser Ort liegt hoch im südlichen Himmel, an dem Mittags der Sonnengott-Göttervater Tyr am höchsten steht und am mächtigsten ist. Dort steht sowohl seine Goldene Halle Gimle als auch Freyrs Halle Alfheim. Auch Freyr wurde „König der Götter" genannt.
König Ali und Königin Alfrun („Alfen-Geheimnis") in Alfheim sind folglich der ehemalige Göttervater Tyr und vermutlich die Jenseitsgöttin Freyr in Tyrs Goldener Halle im südlichen Himmel.

3. k)   Skaldskaparmal

In Snorri Sturlusons Erläuterungen zu den Gold-Kenningarn wird auch „Ali" erwähnt:

An dieser Stelle kann man hören, daß Gold „Wort oder Stimme der Riesen" genannt wird, wie wir schon zuvor gesagt haben.
So schrieb Bragi der Skalde:

Da hatte ich den dritten Freund
gebührend gepriesen: den Ärmsten,
die Stimme des Ali der verbeulten Klumpen,
aber mir der Liebste.

Die „verbeulten Klumpen" sind Felsen; ein „Gott (Ali) der Felsen" ist ein Riese; die „Stimme der Riesen" ist das Gold.

3. l) Kennignar

Es finden sich einige Kenningar, in denen der Asen-Name „Vali" benutzt wird:

Hödur	Feind des Vali		Snorri Sturluson	Skaldskaparmal
Riese	Ali der Felsen		Bragi der Alte	Skaldskaparmal
Krieger	Vali der Stab-Gatter	Stab = Waffe; Gatter = Schild	Eyolf der tatkräftige Skalde	Bandadrapa
Krieger	Vali der Einfriedung der Rosse des Virfill	Vali = Gott = Mann; Rosse des Virfill = Schiffe; Einfriedung der Schiffe = Schilde; schöner Reim: „virfils vala gard-Vali"	Eyolfr der tatkräftige Skalde	Bandadrapa
Pferd (schwarz)	Hrafn („Rabe")	Roß des Ali (es ist fraglich, ob der Gott gemeint ist – er wäre dann in der dunklen Unterwelt)	Kalf	Kalfsvisa

4. Zusammenfassung

Wali ist der, „der für die Rache auserwählt wurde". Er ist der Sohn des Göttervaters Odin und der Erd- und Jenseitsgöttin Rindr.

Wali wurde von Rindr in deren „Hallen des Westens". d.h. in der Unterwelt, in der die Sonne am Abend versinkt, wiedergeboren. Daher ist Wali ein „Bewohner der Heimstätten der Väter".

Er rächte seinen Halbbruder Baldur, als er erst eine Nacht alt war. Dies liegt daran, daß er der am Morgen wiedergeborene Sonnengott-Göttervater Tyr ist, der am Abend vorher gestorben ist – folglich ist Wali eine Nacht alt, wenn er am Morgen als siegreicher Sonnengott-Göttervater am Horizont erscheint.

Wali ist als Rächer natürlich auch ein guter Kämpfer: kühn in der Schlacht und ein guter Schütze.

Entsprechend den Bräuchen der Germanen wusch er sich nicht die Hände und kämmte er sich nicht sein Haar, bis die Rache vollbracht war.

Als wiedergeborener Gott erscheint er wie die anderen Göttersöhne auch nach dem Ragnarök, das eine Umdeutung des zyklischen Nacht und des Winters in ein einmaligen Ereignis.

127

II Das Aussehen des Gottes Wali

Wali ist offenbar sehr jung, strahlend wie die Sonne und ein guter Krieger. Mehr läßt sich über sein Aussehen leider nicht sagen.

Da er der wiedergeborene Sonnengott-Göttervater Tyr ist, wird er diesem gleichen – siehe dazu den Band 3 über Tyr.

III Die Vorgeschichte des Gottes Wali

Wali ist der am Morgen neugeborene Göttervater. Seine indogermanischen Wurzeln finden sich daher in den Mythen des indogermanischen Göttervaters, der bei den Germanen den Namen „Tyr" trug.

Das markante Motiv des „Erwachsenseins nach einer einzigen Nacht" aus den Mythen des Wali findet sich ähnlich auch im Rig-Veda:

Rig-Veda 2, 12:
Er, der oberste Gott, wurde gleich nachdem er geboren wurde,
aufgrund seines hohen Geistes und wegen seiner Stärke und Macht
der Beschützer der Götter.

Es ist allerdings unwahrscheinlich, daß zwischen diesem Motiv bei den Germanen und bei den Indern ein direkter Zusammenhang besteht, da die Vorstellung, daß die Sonne und somit der Sonnengott-Göttervater an jedem Morgen wiedergeboren wird, dieses Motiv jederzeit neu entstehen lassen konnte.

Wenn dieses Motiv noch von anderen indogermanischen Völkern bekannt wäre, könnte man es als ein allgemeines indogermanisches Motiv auffassen, das es durch alle Zeiten hindurch gegeben hat – aber das ist nicht der Fall.

Wali ist in den germanischen Mythen einer der vielen Verkörperungen des wiedergeborenen Sonnengott-Göttervaters.

Dieser Typ von Gottheit findet sich bei so gut wie allen Indogermanen (siehe Band 3 über Tyr), aber Wali hat keine speziellen Merkmale, die sich weiter zurückverfolgen ließen.

IV   Die heutige Bedeutung des Wali

Wali läßt sich in der heutigen Zeit am ehesten als ein Vorbild dafür auffassen, nach einem völligen Zusammenbruch (Tod der Sonne am Abend) nicht aufzugeben, sondern in sich zu gehen (Nacht), um dann auf eine andere Weise weiterzuleben (Wiedergeburt der Sonne am Morgen).

V   Traumreise zu Wali

„Wali Odin-Sohn, ich möchte Dich gerne kennenlernen."
Ich warte recht lange auf eine Reaktion ...
Ich sehe eine Landschaft, eine endlose Wiese, und da geht die Regenbogenbrücke Bifröst empor. Da bin ich ja schon öfters gewesen.
„Bin ich jetzt richtig in der Vision oder ist das eine Erinnerung?"
Eine Stimme (Wali?) sagt: „Geh einfach."
„O.k."
Ich gehe die Regenbogenbrücke hinauf. Dort oben steht Heimdall.
„Ich möchte zu Wali, um ihn kennenzulernen. Kannst Du mir sagen, wo ich ihn finde?"
„Du wirst ihn finden. Geh einfach."
„Gut."
Ich bin hier oben in der Landschaft, in der ich schon ein paarmal gewesen bin – rechts ist der Hain der Freya, links vorne ist Walhall, und ganz links ist die Wildnis, in der ich einmal Loki begegnet bin.
Ich gehe einfach mal geradeaus.
Was ist das? Das ist wie ein Loch, durch das ich hinabstürze. Ich bin eine Höhle gefallen – durch die Decke. Mitten in ein großes Wasser.
...
Ich wünsche mich zum Rand dieses Gewässers.
Großer Seufzer ...
Da ist einfach nur der aufrechte Felsen am Rand des Wassers. Wo bin ich denn hier?
„Wali, bist Du hier?"
„Wünsch Dich zu mir."
Das dauert eine Weile ...
Da ist ein großes, eckiges Podest ... naja, das ist viel größer als ein Podest ... es ist irgendwo drinnen, aber es ist hell ... komische Bilder ...

„Wali? Magst Du Dich mir zeigen, damit ich weiß, daß ich angekommen bin?"

...

„Streck die Hand aus."
Ich strecke die rechte Hand aus ... Ich fühle, wie er meine Hand nimmt ...
„Jetzt schaue."

...

Tiefer Seufzer ...

...

Ich sehe ihn vor mir. Er ist bärtig, kräftig, groß ... gekleidet wie für recht kühles Wetter ... mit einer Fellhose und einer Felljacke ... hm ... Er trägt keinen Helm – jedenfalls jetzt nicht ...
„Wali?"
Er hat dunkle Augen, ziemlich dunkles Haar – so wellig ... sieht aus, als hätte er den Mars im ersten Haus – halt kriegerisch-kräftig-markant ...
„Wali, ich würde Dich gerne kennenlernen."
„Du bist ja schon dabei."
„Habe ich das richtig verstanden, daß Du ursprünglich der wiedergeborene Tyr gewesen bist?"
„Ja ... der wiedergeborene Kriegsgott."
„Ja ... das ist Tyr auch ... Du siehst auch aus wie ein Krieger."
„Und ich nehme Rache, um meine Ehre zu erhalten."
„Hm ... auch heute noch?"
„Nein. ... Das war damals so und damals war es das Richtige. ... Heute ist eine andere Form der Souveränität sinnvoll."
„Du bist Souveränität?"
„Ja, ich bin Stärke."
Tiefer Seufzer ...
„Und ich lasse mich nicht entmutigen."
„Hm ... ist das Deine Essenz? Heute?"
„Ja."

... ...

„Hm, das soll jetzt nicht so respektlos sein, wie es vielleicht klingt: Du bist also sozusagen das Stehaufmännchen?"
Wali schmunzelt und lacht leise und sagt: „Wenn Du es so ausdrücken willst."

...

„Gibt es etwas, wovon Du gerne hättest, daß ich es über Dich in mein Buch schreibe?"

...

„Du hast es schon geschrieben: Gib niemals völlig auf. Wenn alles schief geht, alles scheitert, dann besinnt euch, und dann geht weiter."

...

„Ja ... danke! ... Möchtest Du mir etwas sagen? Mir persönlich?"

„Vertraue Dir selber."

Ich spüre eine Weile in seine Worte hinein.

„Hm ... geht das noch etwas konkreter?"

...

„Spüre Dich. Sei im Hier und jetzt. Und vertraue darauf, daß das Richtige kommt, wenn Du Dir treu bist."

„O.k."

... ...

„Gibt es sonst noch etwas, was Du mir sagen oder zeigen möchtest, Wali?"

...

„Ein andermal – heute nicht."

„Danke Wali."

„Bitte."

„Da ist noch was ..."

„Nimm noch mal meine Hand. Komm mit Deinem Bewußtsein zu mir rüber."

„O.k."

Ich mache das.

... ...

Ich spüre dieses Scheitern, sich-Besinnen und den Neuanfang. ... Darin liegt eine große Kraft. ... Und ich spüre die Vergänglichkeit von allem, was geschieht. ... Und ich kann dem zustimmen.

„Bewahre Dir das."

„Gut – das werde ich machen. ... Danke Wali!"

Ich trete mit meinem Bewußtsein wieder aus Wali heraus. Ich lächle ihm zu und kehre dann zurück.

„Ho!"

VI Hymne an Wali

In dem folgenden Lied sind neben dem Stabreim und dem regelmäßigen Strophen-Aufbau noch die folgenden, auch von den germanischen Skalden verwendeten poetischen Hilfsmittel benutzt worden, um den Charakter der Strophen hervorzuheben:

131

Sommer	= Höhepunkt der Sonne	=> Superlative
Herbst	= Tod der Sonne	=> Gegensätze/Widersprüche
Winter	= Sonne im Jenseits	=> Fragen (Besinnung)
Frühling	= Wiedergeburt der Sonne	=> „Galdrlag" (Bekräftigung)

1. Lied des Wali

Sommer im Leben: hellste Sonne
scheint strahlend für mich!
Mittag der Kraft: mächtige Taten
mutig vollbringe ich sie!

Herbst im Leben: Heimat des Todes,
Hel zerstört alles, was gewachsen ist ...
Abend der Kraft: alles wird schwach,
auch ich schwinde im Dunkel ...

Winter im Leben: Was ist geschehen?
Wohin bin ich gekommen?
Nacht der Kraft: Hört mich niemand?
Nichts ist geblieben – warum?

Frühling im Leben: alles keimt mit Sifs[15] Segen,
siegreich kehrt die Sonne aus der Tiefe zurück;
Morgen der Kraft: alles wächst durch Monas[16] Macht,
gestärkt komme ich aus der Finsternis heraus.

Sommer im Leben: hellste Sonne
scheint strahlend für mich!
Mittag der Kraft: mächtige Taten
mutig vollbringe ich sie!

---

15 Sif = Korngöttin
16 Mona =Erdgöttin

E   Wali Loki-Sohn

I   Wali Loki-Sohn in der germanischen Überlieferung

Dieser Ase bzw. Asen-Sohn wird lediglich ein einziges mal in „Gylfis Vision" erwähnt. Dort wird er anstelle des sonst üblichen Nari als einer der beiden Loki-Söhne Nari und Narwi (Narfi) genannt, was vermutlich eine Verwechslung mit Vali Odin-Sohn ist. Diese beiden Söhne des Loki sind vermutlich eine Parallelbildung zu den beiden Söhnen des Tyr (Alcis), die nach 500 n.Chr. zu den beiden Wölfen, den beiden Raben und dem achtbeinigen „Doppelpferd" Sleipnir des Odin geworden sind.

In der ebenfalls von Snorri Sturluson geschriebenen Skaldskaparmal wird Loki sowohl „Vater des Nari" als auch „Vater des Ali" (Ali = Wali/Vali) genannt.

Siehe zu diesem Thema auch „Nari und Narfi Loki-Söhne" in dem nächsten Teil dieses Buches.

1.   Der Name „Wali"

Der Name „Wali" bedeutet „Auserwählter".

2.   Die Mythe über Wali Loki-Sohn

2. a)   Gylfis Vision

Der Gott „Wali Loki-Sohn" ist in gewisser Weise wie „Wali Odin-Sohn" ein Rächer. Daher werden beide Götter mit dem Namen „Vali" ursprünglich wohl derselbe Gott gewesen sein: einer der beiden Alcis-Söhne des Göttervaters Tyr/Odin.

Da sprach Gangleri: „Viel Arges wahrlich hatte Loki zu Wege gebracht, da er erst verursachte, daß Baldur erschlagen wurde, und dann schuld war, daß er nicht erlöst ward aus Hels Gewalt. Aber wurde das nicht irgendwie an ihm geahnt?"

Har antwortete: „Es ward ihm so vergolten, daß er lange daran denken wird. Als die Götter so wider ihn aufgebracht waren, wie man erwarten mag, lief er fort und barg sich in einem Berge. Da machte er sich ein Haus mit vier Türen, daß er aus dem Hause nach allen Seiten sehen konnte.

Oft am Tag verwandelte er sich in Lachsgestalt und barg sich in dem Wasserfall, der Franang hieß, und bedachte bei sich, welches Kunststück die Asen wohl erfinden könnten, ihn in dem Wasserfall zu fangen. Und einst, als er daheim saß, nahm er Flachsgarn und verflocht es zu Maschen, wie man seitdem Netze macht. Dabei brannte Feuer vor ihm.

Da sah er, daß die Asen nicht weit von ihm waren, denn Odin hatte von Hlidskialfs Höhe seinen Aufenthalt erspäht. Da sprang er schnell auf und hinaus ins Wasser, nachdem er das Netz ins Feuer geworfen hatte.

Und als die Asen zu dem Haus kamen, da ging der zuerst hinein, der von allen der Weiseste war und Kwasir hieß, und als er im Feuer die Asche sah, wo das Netz gebrannt hatte, da merkte er, daß dies ein Mittel sein sollte, Fische zu fangen, und sagte das den Asen. Da fingen sie an und machten ein Netz jenem nach, das Loki gemacht hatte, wie sie in der Asche sahen.

Und als das Netz fertig war, gingen sie zu dem Fluß und warfen das Netz in den Wasserfall. Thor hielt das eine Ende, das andere die übrigen Asen, und nun zogen sie das Netz. Aber Loki schwamm voran und legte sich am Boden zwischen zwei Steine, so daß das Netz über ihn hinweggezogen wurde, doch merkten sie wohl, daß etwas Lebendiges vorhanden sei.

Da gingen sie abermals an den Wasserfall und warfen das Netz aus, nachdem sie etwas so Schweres daran gebunden hatten, daß nichts unten durchschlüpfen konnte. Loki fuhr vor dem Netze her und als er sah, daß es nicht weit von der See sei, da sprang er über das ausgespannte Netz und lief zurück in den Fall.

Nun sahen die Asen, wo er geblieben war: da gingen sie wieder an den Wasserfall und teilten sich in zwei Haufen nach den beiden Ufern des Flusses. Thor aber mitten im Fluß watend folgte ihnen bis an die See. Loki hatte nun die Wahl, entweder mit Lebensgefahr nach der See zu ziehen oder abermals über das Netz zu springen. Er tat das letzte und sprang schnell über das ausgespannte Netz. Thor griff nach ihm und kriegte ihn in der Mitte zu fassen; aber er glitt ihm in der Hand, sodaß er ihn erst am Schwanz wieder festhalten konnte. Darum ist der Lachs hinten spitz.

Nun war Loki friedlos gefangen. Sie brachten ihn in eine Höhle und nahmen drei lange Felsenstücke, stellten sie auf die schmale Kante und schlugen ein Loch in jedes.

Dann wurden Lokis Söhne, Wali und Nari oder Narwi, gefangen. Den Wali verwandelten die Asen in Wolfsgestalt: da zerriß er seinen Bruder Narwi.

Da nahmen die Asen seine Därme und banden den Loki damit über die drei Felsen: der eine stand ihm unter den Schultern, der andere unter den Lenden, der dritte unter den Kniegelenken; die Bänder aber wurden zu Eisen.

Da nahm Skadi einen Giftwurm und befestigte ihn über ihm, damit das Gift aus dem Wurm ihm ins Antlitz träufelte. Und Sigyn, sein Weib, steht neben ihm und hält ein

Becken unter die Gifttropfen.

Und wenn die Schale voll ist, da geht sie und gießt das Gift aus; derweil aber tropft ihm das Gift ins Angesicht, wogegen er sich so heftig sträubt, daß die ganze Erde schüttelt, und das ist es, was man Erdbeben nennt. Dort liegt er in Banden bis zur Götterdämmerung."

Der Wolf ist eng mit dem Göttervater verbunden, da er selber als Wolfskrieger (Ulfhedinn) der Fenriswolf war und seine beiden Alcis-Söhne sich ebenfalls in Wölfe verwandeln konnten – aus ihnen wurden später die Odins-Wölfe Geri und Freki.

Der Wolfs-Sohn Wali stammt daher recht sicher aus den alten Tyr-Mythen und ist hier in die Mythen seines Gegners Loki übertragen worden.

2. b) Kennignar

Es finden sich eine Kenningar, in der der Asen-Name „Vali" benutzt wird:

Loki	*Vater des Ali*		Snorri Sturluson	Skaldskaparmal

3. Zusammenfassung

Wali (Vali, Ali) ist einer der beiden Söhne des Loki. Er tritt ein einziges mal anstelle des Nari auf und wird wahrscheinlich auf eine Vermischung des Nari mit dem Odins-Sohn Vali sein.

Die beiden Loki-Söhne Nari/Wali/Vali und Narfi/Narwi sind wahrscheinlich eine Parallelbildung zu den beiden Alcis-Söhnen des Tyr.

II Das Aussehen des Gottes Wali Loki-Sohn

Über Wali Loki-Sohn ist nur bekannt, daß er sich in einen Wolf verwandeln kann, d.h. daß er ein Ulfhedinn ist und daher ein Wolfsfell tragen wird.

135

III Die heutige Bedeutung des Wali Loki-Sohn

Wali kann heute am ehesten noch im Zusammenhang mit dem Erlernen der Kampf-ekstase oder beim Finden des eigenen Krafttieres eine Bedeutung haben.

F Nari und Narfi Loki-Söhne

I Nari und Narfi in der germanischen Überlieferung

Nari und Narfi sind zwei kaum bekannte Söhne des Loki.

1. Die Namen „Nari" und „Narfi"

1. a) Der Name „Nari"

Der Name „Nari" könnte mehrere Bedeutungen haben:

    Wurzel: „nar" für „Leiche" => „Leiche"
    Wurzel: „nara" für dahinvegetieren, elend leben" => „Elender, Armer"
    Wurzel: „nari" für „Ernährer" (unsicher) => „Ernährer" (unsicher)
    Wurzel: „nari" für „Weiche, Taille" => „Taille"

Am wahrscheinlichsten ist „Leiche", d.h. „Toter", da diese beiden Loki-Söhne recht sicher eine Parallelbildung zu den beiden Alcis-Söhnen des Tyr sind, die fast immer als Zwerge, d.h. als Totengeister aufgefaßt worden sind.

1. b) Der Name „Narfi"

Da es kein altnordisches oder germanischen Wort gibt, daß „narfi" lautet und auch keines mit verändertem Stammvokal, also „nörfi" o.ä., ist es am wahrscheinlichsten, daß „Narfi" eine Variante von „Nari" ist.

2. Die Mythe des Nari und des Narfi

2. a) Skaldskaparmal

„Nari" wird bei den Loki-Kenningarn in der Skaldskaparmal erwähnt. Dort wird Loki „*Vater des Nari*" genannt.

2. b) Lokasenna

In diesem Lied werden zwei Söhne des Loki genannt: Nari und Narfi:

Darauf nahm Loki die Gestalt eines Lachses an und entsprang in den Wasserfall Franang.

Da fingen ihn die Asen und banden ihn mit den Gedärmen seines Sohnes Nari. Sein anderer Sohn Narfi aber wurde in einen Wolf verwandelt.

Skadi nahm eine Giftschlange und hing sie auf über Lokis Antlitz. Der Schlange entträufelte Gift. Sigyn, Lokis Weib, setzte sich neben ihn und hielt eine Schale unter die Gifttropfen. Wenn aber die Schale voll war, trug sie das Gift hinweg: unterdessen träufelte das Gift in Lokis Angesicht, wobei er sich so stark wand, daß die ganze Erde zitterte. Das wird nun Erdbeben genannt.

2. c) Gylfis Vision

In dieser Erzählung wird dasselbe über Nari berichtet:

Weiterhin zählt man einen zu den Asen, den einige den Verlästerer der Götter, den Anstifter alles Betrugs, und die Schande der Götter und Menschen nennen. Sein Name ist Loki oder Loptr, und sein Vater der Riese Farbauti; seine Mutter heißt Laufey oder Nal; seine Bruder sind Bileist und Helblindi.

Loki ist schmuck und schön von Gestalt, aber böse von Gemüt und sehr unbeständig. Er übertrifft alle anderen in Schlauheit und jeder Art von Betrug. Er brachte die Asen in manche Verlegenheit; doch half er ihnen oft auch durch seine Klugheit wieder heraus.

Seine Frau heißt Sigyn, und deren Sohn Nari oder Narwi.

Snorri Sturluson hat „Nari" und „Narwi/Narfi" hier offenbar nicht als zwei Söhne, sondern als zwei Namen desselben Sohnes aufgefaßt.

2. d) Ynglingatal

In der 12. und 13. Strophe dieses Liedes, die das Leben des Königs Dyggvi beschreibt, wird Narfi als Bruder des Fenrir und der Hel angesehen. Damit sollte eigentlich die Riesenschlange Jörmungandr gemeint sein ... oder eben ein Wolf, was jedoch eine sehr ungenaue Umschreibung wäre.

Es kann nicht
geleugnet werden,
daß Glitnis Verwandte
nun die Leiche des Dyggvi
zum Huren hat,
denn die Schwester des Wolfes
und des Narfi
wählten den königlichen Mann aus,

ja, Lokis Tochter hat nun
den mächtigen Herrscher
von Yngvis Volk
und spielt mit ihm.

- huren = wörtlich spielen, was jedoch eine deutliche Assoziation zu Sex hat
- Glitnis Verwandte = Hel (Hel ist die Wiederzeugungs-Geliebte der Toten im Jenseits.)
- Schwester des Wolfes und des Narfi = Hel
- Lokis Tochter = Hel
- Yngvis Volk = Schweden

2. e) Alcis

Wahrscheinlich sind die beiden Loki-Söhne Nari und Narfi den beiden Pferde-Söhnen („Alcis") des Tyr nachgebildet worden. Auch von Thor und Odin sowie von Freya ist diese Analogiebildung bekannt:

139

Die beiden Söhne	
Gottheit	*Söhne/Töchter*
Tyr	Alcis: zwei Schimmel-Jünglinge bzw. Hirsch-Jünglinge
	die Zwerge Sindri und Brokk (und viele andere Zwergen-Paare)
	zwei Raben (Seelenvögel)
	zwei Wölfe (Ulfhedinn)
	die beiden Schlangen Goin und Moin (Totengeister)
Odin	die beiden Wölfe Geri und Freki (die Alcis als Krieger)
	die beiden Raben Hugin und Munin (die Alcis als Seelenvögel)
	„Doppelpferd" Sleipnir (die Alcis als Rosse vor dem Sonnenwagen)
Thor	Modi und Magni
Loki	Nari und Narfi
Freya	Hnoss und Görsemi

2. f) Heimskringla

Es wird gesagt, daß der Erdkreis, der von den Menschen bewohnt wird, durch viele Buchten unterteilt wird, sodaß große Meere von dem äußeren Weltmeer in das Land hineinragen. So ist z.B. bekannt, daß ein großes Meer am Narvesund hereinströmt und bis hin nach Jerusalem reicht.

Der Erdkreis ist die gesamte Erdoberfläche. Dieser Text wurde nach diesem Wort als „Heimskringla", d.h. als „Erdkreis" benannt

Der „Narve-Sund" ist die Straße von Gibraltar. Narve/Narvi/Barfi ist ein Sohn des Loki. Möglicherweise wurden die Felsen von Gibraltar und der Berg Dschebel Musa auf der gegenüberliegenden afrikanische Küste als die beiden Alcis aufgefaßt, die evtl. den Eingang zum Jenseits bewachen. Diese beiden Berge links und rechts der nur 14km breiten Meerenge wurden von den Phöniziern als „Säulen des (Sonnengottes) Melkart" und von den Griechen als „Säulen des Herakles" bezeichnet. Da Tyr und Melkart beides Sonnengott-Göttervater waren und Herakles zu dem Typ des jungen, wiedergeborenen Götterkönigs gehört, ist es gut denkbar, daß sich die germanische Bezeichnung „Narve-Sund" auf die beiden Söhne dieses Göttervaters

(Melkart, Herakles, Tyr) beziehen. Das würde bedeuten, daß die beiden Alcis einst auch die Namen „Nari" und „Narfi" getragen haben.

- - -

Siehe auch den Riesen „Narfi" in Band 6.

3. Zusammenfassung

> Die Namen der beiden Loki-Söhne Nari und Narfi bedeuten „Leiche". Mit Naris Gedärmen wurde Loki in der Unterwelt gefesselt und Narfi wurde in einen Wolf verwandelt.
> Diese beiden Loki-Söhne sind Nachbildungen zu Tyrs beiden Pferde-Söhne – die Germanen schätzten offenbar Systematisierungen.

Die Betrachtung der indogermanischen Wurzeln des Nari und des Narfi finden sich in dem Band über die beiden „Alcis", da Nari und Narfi eine Analogiebildung zu diesen beiden Söhnen des Tyr sind.

G   Forseti Baldur-Sohn

I   Forseti in der germanischen Überlieferung

1.   Der Name „Forseti"

„Forseti" bedeutet in einer zweifachen Weise „Vorsitzender": Zum einen ist Forseti als Richter der Vorsitzende des Gerichtes, also der Leiter der Versammlung, und zum anderen ist er derjenige, der vor der Mittelsäule der Halle sitzt.

Säule mit dem Gesicht des germanischen Göttervaters in der Stabkirche von Gol

Diese Mittelsäule ist ein Symbol des Weltenbaumes und in ihr wohnen die Ahnen des Hausherrn und die Götter, die den Hausherrn beschützen. Der Platz vor dieser Säule ist der „Ort der Kraft" in einem germanischen Gebäude – ähnlich dem Platz hinter dem Altar in einer christlichen Kirche. Diese Säule ist die Verbindung zu den Ahnen und den Göttern im Jenseits. Die Stäbe der Seherinnen, die Zauberstäbe der Priester und Magier und die Szepter der Könige sind Symbole dieser Verbindung. Die germanischen Seherinnen wurden sehr oft nach diesem Stab benannt: „Wala", „Völr" und „Weleda" bedeutet „Stab" bzw. „Stabträgerin".

Zu der Rolle des Thing-Vorsitzenden siehe „Thing" in Band 73.

Der Name „Forseti" wird im allgemeinen von althochgermanisch „forasizo" für „Vorsitzender" abgeleitet und wurde offensichtlich auch von Snorri Sturluson um 1200 n.Chr. so aufgefaßt. Schon Grimm vermutete jedoch, daß der Name auch von „fors" für „wirbelnder Fluß, Stromschnellen" abstammen könnte und dann erst später umgedeutet worden ist.

2. Der Ase Forseti

2. a) Asen-Heitis

Forseti findet sich als einer der Asen auch in einer Aufzählung der Namen der Asen, deren Verfasser unbekannt ist:

Ich werde euch
die Asen-Heitis sagen:
Dies sind Yggr und Thor
und Yngvi-Freyr,
Vidar und Baldur,
Vali und Heimdall,
das sind Tyr und Njörd,
weiterhin Bragi,
Hödur, Forseti,
und schließlich ist da noch Loki.

3. Forseti der Richter-Ase

3. a) Gylfis Vision

Forseti heißt der Sohn Baldurs und der Nanna, der Tochter Neps. Er hat im Himmel den Saal, der Glitnir heißt, und alle, die sich in Rechtsstreitigkeiten an ihn wenden, gehen verglichen nach Hause. Das ist der beste Richterstuhl für Götter und Menschen.

„Glitnir", das auch „Glastheim" genannt wird, bedeutet „Strahlen" bzw. „Glanz-heim". Mit „Glitnir" ist das Wort „gleißen" verwandt.

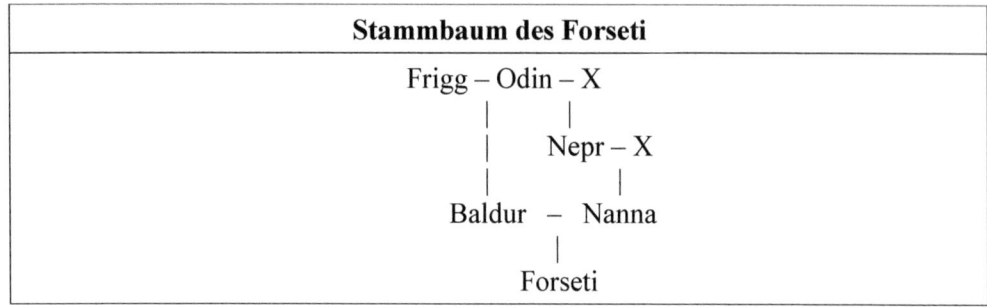

Stammbaum des Forseti

Frigg – Odin – X

Nepr – X

Baldur – Nanna

Forseti

3. b) Grimnir-Lied

Im Grimnir-Lied wird Forsetis Saal und die Tätigkeit des Gottes in dieser Halle beschrieben:

Glitnir ist die zehnte; auf goldnen Säulen ruht
Des Saales Silberdach.
Da thront Forseti den langen Tag
Und schlichtet allen Streit.

„*Die zehnte*" bezieht sich darauf, daß in dem Grimnir-Lied die Hallen der Götter aufgezählt werden.

3. c) Skaldskaparmal

In der Edda wird Forseti an einer weiteren Stelle erwähnt, ohne daß näheres über ihn gesagt wird:

Da kamen die Asen zu ihrem Gelage und zwölf der Asen, die da zu Richtern bestellt waren, setzten sich auf ihre Hochsitze. Dies sind ihre Namen: Thor, Niörd, Freyr, Tyr, Heimdall, Bragi, Widar, Wali, Ullr, Hönir, Forseti, Loki. Desgleichen heißen die Asinnen: Frigg, Freyja, Gefion, Idun, Gerd, Sigyn, Fulla, Nanna.

3. d) Skaldskaparmal

Forseti erscheint auch in der Liste der Baldur-Kenningar:

„Wie soll man Baldur umschreiben?"
„Indem man ihn Sohn des Odin und der Frigg nennt, und Mann der Nanna, Vater des Forseti, Besitzer des Hringhorn und des Draupnir, Gegner des Hödur, Genosse der Hel, Gott der Tränen."

„Hringhorn" („Ring-Horn") ist Baldurs Schiff und „Draupnir" („Tröpfler") ist Odins magischer Ring.

3. e) Forsetlund

Der Name „Forsetlund" eines Hofes auf der Insel Onsøy („Odins Insel") in Ostnorwegen geht auf „Forsetalundr" zurück, was „Hain des Forseti" bedeutet. Anscheinend ist der Richtergott einst in einem Heiligen Hain verehrt worden. Möglicherweise war dieser Wald auch der Thingplatz der Bauern auf dieser Insel.

3. f) Forseti und Tyr

In der Edda wird Forseti als Streitschlichter auf den Thingversammlungen geschildert, während der Gott Tyr die Zwistigkeiten eher durch einen Kampf klärt – obwohl auch er „Gott der Weisheit" genannt wird.

3. g) Die Heiligenlegenden des Liudger und des Willibrord

Auf der Insel Helgoland soll es den Heiligenlegenden des Willibrod und des Luidger das Heiligtum eines Gottes mit dem Namen „Fosite" gegeben haben, der sehr wahrscheinlich mit Forseti identisch gewesen ist. Dieses Heiligtum war eine Quelle.
Möglicherweise ist Helgoland zur Zeit der germanischen Religion ein wichtiges Kultzentrum gewesen, da „Helgoland" die Bedeutung „heiliges Land" hat.
Das Vorhandensein einer Quelle ist bei der heutigen Größe von Helgoland von nur einem Quadratkilometer sehr unwahrscheinlich, aber um 1500 n.Chr. hatte Helgoland

noch einen Fläche von ca. 5 km² und um 1300 n.Chr. von ca. 25 km². Um 800 n.Chr., als der Hl. Luidger lebte, oder um 700 n.Chr., als der Hl. Willibrord auf Helgoland missioniert haben soll, hatte Helgoland noch eine Fläche von ca. 90 km², sodaß sogar mehrere Quellen denkbar sind.

Die folgende Karte zeigt Helgoland um 800 n.Chr., 1300 n.Chr. und um 1649 n.Chr. Da nicht bekannt ist, woher der Zeichner um 1649 die Informationen über die früheren Zeiten gehabt hat, sind ihre Details mit Vorsicht zu genießen, auch wenn die heutigen geologischen Forschungen diese Entwicklung im Prinzip bestätigen. Das heutige Helgoland ist ungefähr halb so groß wie Fläche von 1649.

Helgoland

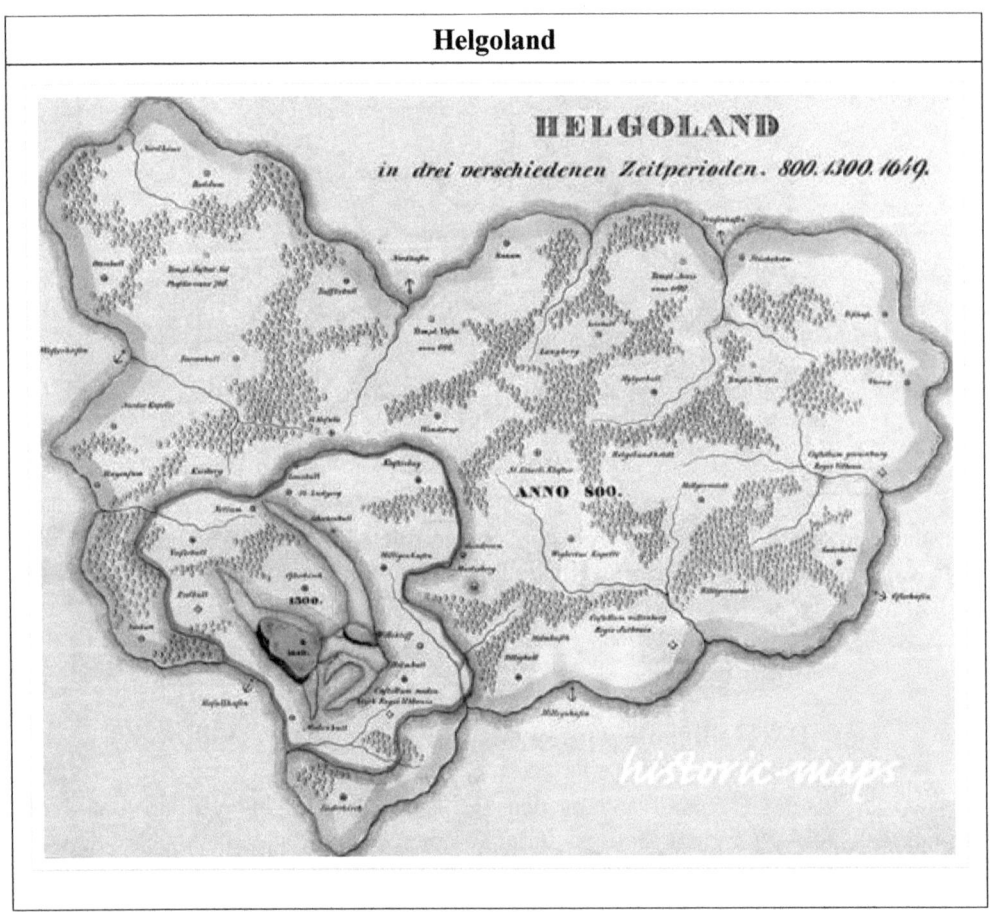

Den Heiligenlegenden zufolge gehörte die Heilige Quelle auf Helgoland dem Gott Fosite. Aus dieser Quelle durfte man nur schweigend schöpfen. Das Vieh, das dort weidete, war dem Fosite heilig und durfte nicht geschlachtet werden.

Dieses Heiligtum wurde entweder durch den Hl. Liudger oder durch den Hl. Willibrord entweiht, indem er dort taufte und dort eine Kuh schlachtete.

Es fällt auf, daß sowohl Helgoland als auch Onsøy Inseln sind – der Ase Forseti-Fosite scheint ein Inselgott gewesen zu sein.

3. h) Die Lex Frisionum

Es gibt eine Legende über die Entstehung des Lex Frisionum, des geschriebenen friesischen Gesetzes. Karl der Große, der für alle seine Untertanen schriftliche Gesetze haben wollte, versammelte eines Tages zwölf Friesen, die Gesetzes-Sprecher waren, und verlangte von ihnen, daß sie ihm die Gesetze der Friesen rezitierten.

Dieser Aufforderung konnten die Friesen vermutlich deshalb nicht nachkommen, weil zu dieser Zeit die Rechtsprechung bei vielen Völkern noch nicht aus festgelegten Regeln bestand, sondern von Fall zu Fall nach der besten Lösung gesucht wurde. Die heutige englische Rechtsprechung ist ein Mittelding zwischen beiden, da sie aus einer Sammlung von Urteilen besteht, an denen sich die Richter orientieren können.

Daraufhin stellte Karl der Große ihnen die Wahl zwischen dem Tod, der Sklaverei und dem Ausgesetztwerden in einem Boot ohne Ruder. Die zwölf friesischen Richter wählten das Boot und beteten um Hilfe. Daraufhin erschien ein Mann mit einer goldenen Axt auf seiner Schulter, den sie für Fosite hielten. Er ruderte das Boot mit seiner Axt an Land. Dort, wo das Boot an Land kam, entstand eine Quelle. Der Mann lehrte ihnen Gesetze und verschwand.

Diese Verbindung zu den Gesetzen macht es recht wahrscheinlich, daß Fosite und Forseti derselbe Gott sind.

Fosite scheint mit dem Meer und mit den Quellen verbunden gewesen zu sein – aus der Logik der Geschichte ergibt sich keine Notwendigkeit, an dem Landungsort des Schiffes eine Quelle entstehen zu lassen.

Eine Axt oder gar eine goldene Axt erscheint sonst nicht in den germanischen Mythen und auch nicht in den Mythen der anderen indogermanischen Völker.

3. i) Sankt Willibrordi, 789 n.Chr

St. Willibrord berichtet, daß in Dänemark, Friesland und auf den friesischen Inseln der Gott Fosite (Forseti) in Tempeln verehrt wurde.

3. j)   Sankt Willehadi, ca. 710 n.Chr.

Auch in Drente in Friesland stand ein Tempel – möglicherweise war auch er dem Fosite geweiht.

3. k)   Sankt Liudger, ca. 780 n.Chr.

Er beschreibt einen mit Gold und Silber geschmückten Tempels (des Fosite?) in Friesland.

3. l)   Die Saga über Hervor und König Heidrek den Weisen

Der ehemalige Göttervater Tyr hatte u.a. den Beinamen „Godmund". Unter diesem Namen tritt er in einigen Sagen als Jenseits-König auf. Tyr-Godmunds Sohn Hofund erinnert seht an Baldurs Sohn Forseti, da beide die „idealen Richter" sind. Zwischen den beiden könnte durchaus ein Zusammenhang bestehen.
Siehe dazu auch „Hofund" in einem späteren Kapitel dieses Buches.

Hofund, der Sohn des Godmund, hörte über sie und kam und hielt um Hervors Hand an. Dies wurde ihm gewährt und er nahm sie mit heim.
Hofund war der weiseste Mann an Verstand und Voraussicht. Er wurde zum Richter über alle Länder ringsum ernannt. Er war so gerecht und unparteiisch, daß er niemals falsch urteilte oder jemanden bevorzugte, weder daheim noch außerhalb.
Nach ihm ist der „hofund", d.h. der Richter benannt worden, der überall die Streitigkeiten der Menschen entscheidet. Niemand wagte seine Herrschaft zu brechen und niemand wünschte dies überhaupt nur zu tun.

4.   Zusammenfassung

Forseti („Vorsitzender") ist ein Richter-Ase, der in der Halle „Glitnir" („Gleißen") Streit schlichtet. Diese Halle hat silberne Säulen und ein goldenes Dach. In dieser Halle sitzt er vor der Ahnen- und Göttersäule in der Mitte des Saales.

Forseti ist der Sohn des Baldur und der Nanna. Es ist denkbar, daß er aus der Vorstellung des nach dem Ragnarök „wiedergeborenen Baldur" heraus entstanden ist.

Möglicherweise wurden die Thingplätze in Skandinavien einst z.T. nach Forseti als „Forsetslundr" („Forsetis Hain") benannt.

Der friesische Gott Forsite ist vermutlich mit Forseti identisch. Sein Name bedeutet in etwa „Gott des Wassers", womit vermutlich die Quelle als Tor zum Wasserjenseits unter der Erde gemeint sein wird. Diese Verbindung zu dem Jenseitstor paßt gut zu einem Sohn des „sterbend und wiederkehrenden Gottes" Baldur.

An der heiligen Quelle des Forsite auf Helgoland durfte man nur schweigend Wasser schöpfen und die dem Forsite heiligen Rinder, die dort grasten, durften nicht geschlachtet werden.

Sowohl Forsite als auch sein Vater Baldur haben Quellen entstehen lassen.

Es wird berichtet, daß Forsite als Mann mit einer goldenen Axt, die er als Ruder benutzte, einst 12 friesische Männer, die „Richter" waren, aus Seenot rettete, die von Karl dem Großen auf der Nordsee in einem Boot ohne Ruder ausgesetzt worden waren.

Wahrscheinlich ist Hofund („Richter"), der Sohn des Tyr-Godmund, mit Forsite („Vorsitzender") identisch. Beide waren Verkörperungen des idealen Richters und Göttersöhne. Da Baldur, der Vater des Forsite, ein Aspekt des Tyr ist und Hofund der Sohn des Tyr-Godmund ist, ist es recht sicher, daß Forseti-Hofund einst der Richter-Aspekt des Tyr gewesen ist.

II   Das Aussehen des Gottes Forseti

Über das Aussehen des Forseti wird nichts gesagt. Man wird ihn sich jedoch als ehrwürdig, weise und willensstark vorstellen können, da er ein gerechter und weithin anerkannter Richter war.

Sein Zeichen könnte eine goldene Axt gewesen sein.

Er wohnte und richtete in seiner Halle „Glitnir", die auch „Glastheim" genannt wurde. Sie hatte goldene Säulen und ein silbernes Dach. Sie stand vermutlich bei einer Quelle in dem „Hain des Forseti" auf einer Insel. Dort weidete Vieh, daß dem Gott gehörte und nicht geschlachtet werden durfte.

III Die Vorgeschichte des Gottes Forseti

Der Sonnengott-Göttervater hat schon sehr früh in der Jungsteinzeit von der Mutter-göttin die Qualität der Richtigkeit übernommen und ist zum Erhalter dieser Richtig-keit geworden. Diese Eigenschaft findet sich auch bei den indogermanischen Sonnen-gott-Göttervätern (siehe dazu den Band 3 über Tyr).

Mit dem Beginn des Königtums und des mit ihm verbundenen Monotheismus ver-schob sich das Rechtsverständnis nach und nach von der Richtigkeit hin zu der Gerechtigkeit.

Vorher in den durch ein magisch-mythologisches Weltbild geprägten, jungsteinzeit-lichen Gemeinschaften strebte man danach, die rechte Ordnung durch die Einsicht des Schuldigen und durch einen Ausgleich des von ihm angerichteten Schadens wieder-herzustellen.

Nachher in dem durch die Zentralisierung und die aus dem Willen des Königs abge-leiteten Prinzipien wurde jedes Abweichen von dem Willen des Königs mit einer Stra-fe belegt, die entweder genausogroß wie die Abweichung war („Auge um Auge, Zahn um Zahn") oder die aus Gründe der Abschreckung mehrfach so groß war.

Die Germanen hatten bis ca. 1000 n.Chr. noch eine weitgehend jungsteinzeitliche Rechtsauffassung, die sich u.a. im Thing, in der „Anarchie" in Island (die Bauern dort hatten keinen Anführer), aber auch in der Krieger-Version, die von Ehre, Rache und Zweikampf geprägt ist, zeigt. Ab ca. 1000 n.Chr. wird der Einfluß des Königtums mit seiner Zentralordnung, die sich in allgemeingültigen, formalen Gesetzen ausdrückt, immer deutlicher.

Daher wird man davon ausgehen können, daß Forseti bis zur Absetzung des Tyr als nordgermanischer Göttervater um 500 n.Chr. noch ähnlich wie Baldur (und Apollon) den Richtigkeits-Aspekt des Tyr verkörpert haben wird. Wann sich dieser Aspekt des Tyr zu einer eigenen Gottheit verselbständigt hat und vermutlich als Sohn des Tyr angesehen worden ist, läßt sich leider nicht mehr genauer feststellen.

Zwischen 500 n.Chr. und 1000 n.Chr. wird Forseti dann eine Verkörperung des Thing-Leiters gewesen sein, der noch nach dem Prinzip der Wiederherstellung der Richtigkeit vorgeht, aber der seine Autorität als Richters auch dadurch erhalten haben könnte, daß er nun als der Sohn des Odin angesehen worden ist. Auf den friesischen Inseln und in Helgoland hat Forseti anscheinend zumindestens teilweise die Rolle des Tyr übernommen – der Einfluß des neuen Göttervaters Odin scheint hier klein ge-wesen zu sein.

Ab 1000 n.Chr. ist Forseti dann zunehmend zu einem Richter im Sinne des König-tums geworden – wobei diese Entwicklung nicht allzuweit gekommen sein wird, da die germanische Religion ab 1000 n.Chr. zunehmend in den Untergrund gegangen bzw. abgelehnt worden ist, sodaß sich die alten Mythen nicht mehr entsprechend der neuen Weltordnung des Königtums und des Monotheismus weiterentwickeln konnten.

- - -

Es gibt im Rig-Veda den Gott Pushan, der u.a. der Gott der Versammlungen ist, aber ein direkter Zusammenhang mit Forseti wird recht sicher nicht vorhanden sein.

Der griechische Sonnengott Apollon, der die Richtigkeit und die Schönheit symbolisiert, entspricht dem Forseti in der Zeit bis 500 n.Chr. Aber auch hier wird es keinen direkten Zusammenhang gegeben haben.

IV Die heutige Bedeutung des Forseti

Die Bedeutung des Forseti in der heutigen Zeit ist zunächst einmal die Gerechtigkeit – man kann ihn um Hilfe bitten, wenn man in Rechtsstreitigkeiten verwickelt ist.

Man kann ihn jedoch auch um Hilfe bitten, wenn man z.B. von Beruf Bewährungshelfer ist, da sich in diesem Beruf der alte, jungsteinzeitliche Ansatz der Wiedereingliederung in die richtige Ordnung zeigt.

Man kann Forseti generell bei allen Bemühungen um eine Weiterentwicklung des Rechtssystems um Hilfe bitten, da er zumindestens drei der bisherigen Rechtsauffassungen kennt: Die Wiederherstellung der Einigkeit und des Zusammenhalts der Familie bzw. Großfamilie in der Altsteinzeit, die Aufrechterhaltung der Richtigkeit in der Sippe in der Jungsteinzeit, und das Befolgen der Gesetze in dem Staat des Königtums.
Im Materialismus kommt dann die „wissenschaftliche Blickweise" hinzu, die die Frage „Was funktioniert?" stellt, also herausfinden will, wie die erwünschte Ordnung hergestellt werden kann.
In der heutigen Zeit der Globalisierung wird eine Kombination dieser vier bisherigen Ansätze das sinnvollste sein, da dadurch ein differenzierteres, der Situation angemessenes und daher letztlich auch effektiveres Vorgehen möglich wird.

V Traumreise zu Forseti

„Forseti, ich möchte Dich gerne besser kennenlernen."

Ich warte eine ganze Weile ...

Ich sehe runde, nasse, senkrechte Holzbalken nebeneinander ... sie stehen am Strand wie eine Anlegestelle für Schiffe ... wie eine Kaimauer ...

„Forseti, bin ich hier auf einer der friesischen Inseln?"

„Ja."

...

„Auf welcher?"

„Das ist egal."

...

Ich bin jetzt oben auf der Fläche hinter der Kaimauer. ... Die ist auf der südlichen Seite, also auf der zum Land hin gerichteten Seite.

„Forseti, wohin soll ich gehen?"

Ich sehe ein hölzernes Gebäude. Ich wünsche mich dahin.

...

Der Erdboden ist fast eben, er ist leicht gewellt – so wie ganz flache, langgestreckte Hügel. Da ist Gras ... es ist ein bißchen sandig ... so wie in Holstein und Friesland.

Das Gebäude ist nicht sonderlich groß ... Hm ... Was wird das sein? ... Sechs bis acht Meter in der Länge ... ja ... fünf bis sechs Meter in der Breite ... drei Meter hoch und darauf dann ein Giebeldach ... der Giebel ist in Längsrichtung ... auch aus Holz ... es wirkt sehr schlicht ...

Links daneben, also im Westen, stehen ein paar Bäume.

Ich sehe keine Fenster.

Wo ist die Tür? Sie scheint im Süden zu sein.

Ich öffne die Tür.

Da ist was Dunkles, Finsteres ... Was ist das denn? ... damit habe ich jetzt ja garnicht gerechnet. ... Wenn ich die Tür aufmache, zieht etwas wie schwarzer Dampf, wie Rauch ... also eher wie Wolken ... die ziehen da raus ...

Da sind auch viele Gefühle drin und ... hm ... sowas wie ... Wut oder Fixierung ... ist das ... ist das die Sichtweise der Missionare, was hier rauszieht?

Forseti: „Ja."

„Hm ... und die haben diesen Tempel bisher übersehen?"

„Ja."

Seufzer ...

Die Wände da drinnen sind auch schwarz – ein bißchen wie angekohlt ... komisch ...

„Forseti, hat dieses Haus hier mit Dir zu tun?"

„Das war mal einer meiner Tempel."

„Ich würde gerne in der Zeit zurückgehen, um zu sehen, wie er mal ausgesehen hat."

„Ja, gut."

...

Ich gehe hundert Jahre zurück.

...

Ah, jetzt wirkt er anders. Das Holz ist frischer ... die Stimmung ist anders ... Vorher hatte der was Verstecktes ... und jetzt hat er was Strahlendes.

(Da der heilige Liudger Helgoland um 791 n.Chr. christianisiert hat, muß ich jetzt ungefähr in der Zeit um 700 n.Chr. sein.)

Da ist eine hölzerne Statue des Forseti. Er steht, hat einen Bart ... Wie hoch ist die? Einen Meter oder so ...

Seufzer ...

Die Statue ist bemalt ... aber es sind keine allzu leuchtenden Farben – es sind eher matte Farben ... Die Statue trägt keinen Helm. ... Hm ... sie hat keine Waffen in den Händen ...

Er hält die Arme ... die Oberarme hängen an der Seite herab ... die Unterarme gehen nach vorne zur Brust, etwas nach oben ... als würde er die Hände vor das Herzchakra halten – mit den Handflächen zur Brust hin ...

Ich glaube, er hat an der Seite ein Schwert ... komisch ... rechts ... eigentlich trägt man ein Schwert links – zumindestens, wenn man ein Rechtshänder ist. Aber ich würde daraus jetzt nicht schließen wollen, daß Forseti ein Linkshänder war ...

Seufzer ...

Was ist sonst noch hier in dem Tempel?

...

Dahinten an der Stirnseite ist ein Platz für die Statue. ... Links und rechts an den Wänden stehen ein paar Utensilien für den Kult wie Kelch und Kessel und derlei Dinge. ...

Das scheint ein Tempel in dem alten Stil zu sein, den es so um 400 n.Chr. gab, der einfach ein Haus für die Statue ist – das heißt für den Kult wurde die Statue aus diesem Haus herausgeholt. Deshalb hat das auch keine Fenster ... ja ... hm ...

„Forseti?"

„Ja?"

„Und ... gab es später auch größere Tempel? So wie berichtet wird – mit goldenen Säulen und silbernen Dächern?"

„Die gab es auch, aber selten."

„Und waren das die Tempel, in denen man sich versammelt hat?"

„In einem Fall ja."

„Und sonst waren das sozusagen die kleinen Wohnungen der Statuen?"
„Das waren die häufigeren, ja."
„Ich würde Dich gerne selber sehen, Forseti."
„Ich habe schon gewartet."
...
„Hm ... muß ich irgendetwas tun?"
„Wünsch Dich zu mir."
...
„Da ist ein Hindernis. ... Was ist das? Ist das in mir?"
„Ja."
...
Großer Seufzer ...
...
„Laß Dich von mir leiten. ... Stör Dich nicht an den Landschaftsbildern, die Du siehst."
Ich hatte ... eher Berge und tiefere Täler und ... ja ... ich habe auch Fjorde gesehen ... Das ist ja jetzt deutlich weiter im Norden ...
„Komm mit!"
Ich stehe auf Felsen ... also ... oben über einem Fjord, da geht der Hang hinunter ... Der Felsen ist von der Sonne erwärmt ... da sind ringsum Kräuter ... ich glaube, Blaubeeren sind da auch ... ein Stück weg stehen Nadelbäume – Fichten oder Tannen oder so ... links neben mir steht Forseti ...
Er ist ein kleines Stück größer als ich, obwohl ich ziemlich lang bin ...
...
Seufzer ...
...
Er hat eher dunkle Kleidung ... Er hat eine sehr angenehme Ausstrahlung ... standfest ... und ruhig, gelassen, bei sich ... streßfest, wie man heute sagen würde ...
„Forseti, warum treffen wir uns hier?"
„Sonst denkst Du, daß ich nur auf den Inseln verehrt worden bin."
„Hm ... ein pragmatisches Vorgehen, ja ..."
Forseti lacht leise ...
...
„Gibt es etwas, was Du mir sagen oder zeigen möchtest?"
„Was willst Du denn wissen?"
„Ich möchte Dich einfach verstehen. Ich habe alle Textstellen zusammengesucht, die es über Dich gibt, und versucht, mir ein Bild von Dir zu machen. Gibt es da etwas, was Du ergänzen möchtest oder ... möchtest Du mir etwas sagen, wo ich etwas falsch verstanden habe?"
...

„Ich bin eigenständiger gewesen als Du es geschildert hast."

...

„Meinst Du, daß die Funktion des Richters bei den Germanen schon länger bestanden hat und daß Du dadurch das Urbild des Richters geworden bist?"

„Ja – so habe ich es Dir gerade innerlich gezeigt."

„Hm ... haben die Richter – also die konkreten – haben die Dich bei ihrer Tätigkeit um Hilfe angerufen?"

„Selten."

...

„Welche Bedeutung hast Du denn dann gehabt?"

...

„Mich haben eher die Angeklagten oder die Bedrohten um Hilfe angerufen – daß ich ihnen helfe, daß ich eine gute Lösung finde."

„Hm ... klingt plausibel, ja."

... ...

„Stimmt es, daß Du einst ein Aspekt von Tyr gewesen bist?"

„Es ist schon lange her, aber es stimmt."

...

„Hm ... gibt es etwas, wovon Du gerne hättest, daß ich es in mein Buch über Dich schreibe?"

...

„Ich zeig es Dir."

Ich schaue ... ...

Forseti zeigt mir eine Haltung ... Ich stehe fest auf dem Boden. ... Ich weiß, wer ich bin. ... Ich habe einen klaren Blick ... eine innere Stärke und Souveränität, die mir hilft ... daß ich bei mir bleibe, egal was draußen geschieht ... ob sich Leute streiten, ob ich beleidigt werden, ob ich angegriffen werde ... ob eine Katastrophe kommt, ob Not ausbricht ... daß ich niemals in Panik gerate ... ja, und daß ich niemals reflexhaft handele ... sondern daß immer diese Bewußtheit da ist ... daß zwischen der Wahrnehmung und der Reaktion immer dieser Augenblick da ist, in dem ich weiß, daß ich da bin und was geschieht und dann entscheide, was ich tue. ... Das fühlt sich gut an.

Das ist noch was anderes als Einsicht und Weisheit oder einfach Stärke oder Macht – also institutionelle Stärke ... ein Heer zu haben oder so ... Das ist noch grundlegender. ... ... Das ist wie ein Licht, das in einem selber leuchtet und das sich durch nichts einengen oder verlöschen läßt oder verfinstern läßt. ...

„Das ist eine schöne Eigenschaft, Forseti! ... Ich glaube, die würde allen Menschen gut tun, nicht wahr?"

„Ja."

„Das ist der Kern von dem, was in den Mysterien ... ja ... erlebt und gelernt werden kann ... der Kontakt mit der eigenen Seele ... die ermöglicht diese beständige

155

Souveränität ... Ja, und die Mysterien waren ja sozusagen eine Jenseitsreise für alle, wodurch jeder zu seinem eigenen König geworden ist ... "

„Genau. "

„ *Und diese Souveränität – das ist dieses 'Jeder sein eigener König!' ... Hm ... und das verkörperst Du als Richtergott?* "

„*Ja ... denn der Richter ist der, der im Chaos diese Qualität bewahren muß ... damit die anderen sie auch in sich wiederfinden können. ... Und vor allem, damit die Gemeinschaft durch diese Qualität gestaltet wird – durch dieses Sich-seiner-selber-bewußt-sein und dadurch nicht in den Süchten, Ängsten, Nöten, Reflexen unterzugehen.* "

„*Hm ... also, ich bin ja noch nie drauf gekommen, die Rechtsprechung mit den Mysterienkulten in Verbindung zu bringen – aber das gefällt mir! ... Das gefällt mir sogar sehr! ... ... Forseti, ist das die Rechtsauffassung, die sich heute entwickeln sollte?* "

Da lächelt Forseti ziemlich breit ...

„*Hm ... erstaunliche Dinge zeigst Du mir ... Gibt es noch etwas, was Du mir dazu zeigen möchtest?* "

... ...

Ich muß leise vor mich hin lachen – ich habe selber angefangen zu leuchten ... wie aus einer Sonne aus meinem Herzchakra heraus ... So ist das, wenn das, was ich bin, ungehindert durch meine Psyche nach draußen strahlen kann.

„*Ist das der Zustand des Tyr, Forseti?* "

„*Ja. ... Das ist mein Ziel: Menschen leuchten zu lassen wie Tyr. ... Wie eine Sonne. ... Daß sie genau das sind und leben und verwirklichen, was als Qualität in ihrer Seele ist, das, was die Seele in diesem Leben ausdrücken will.* "

„*Hm ... Also die Rechtsprechung und die Gerechtigkeit von diesem Gesichtspunkt her abzuleiten ist eigentlich wie ... wie eine spirituelle Therapieform.* "

„*Ja.* "

„*Die einzigen, von denen ich überhaupt derartige Ansätze kenne, das sind die alten Ägypter und die Mahasiddhas im tibetischen Buddhismus.* "

„*Ja, da kann man Beispiel dafür finden.* "

...

„*Hey Du! Das gefällt mir! Das ist echt gut! ... Das ist mal ein Gemeinschafts-ordnungs-Prinzip, das wirklich einen Sinn ergibt! ... Oh, Forseti, da habe ich noch ein Frage! ... Eine, über die ich schon lange nachdenke. ... Ich habe erlebt, daß ich in einer Kooperative gearbeitet habe – wir haben einen Bioladen betrieben – und da hat's jemand im Laufe von zehn Jahren geschafft, die ganze Macht an sich zu reißen und das Prinzip der Kooperative einfach zu zerstören. ... Was ist notwendig, um sowas zu verhindern? ... Also, daß jemand in einem System, das auf der Gemein-schaft beruht, die Macht an sich reißt – so wie jetzt Erdogan in der Türkei oder ...*

Trump versucht das ja auch in den USA oder ... da gibt es ja viele Beispiele bis hin zu Hitler ... Sag, wie kann man das verhindern? Im Großen und im Kleinen?"

„Leuchten."

„Also souverän sein?"

„Ja, wenn alle in der Gemeinschaft souverän sind, hat so ein Mensch keine Chance. So ein Mensch hat nur dann eine Chance, Macht zu kriegen, wenn die anderen leicht einzuschüchtern sind, wenn sie furchtsam sind, wenn sie in sich das Opferbild haben. Nur da, wo genügend Menschen bereit sind, in die Opferhaltung zu gehen oder schon da drin sind oder einfach nur 'Untertanen' sind, die einfach nur gehorchen, da haben die Menschen, die Macht wollen, eine Chance.

Wenn die Menschen, die in einer Gemeinschaft zusammen sind, diese Souveränität haben, dann ist sie stabil."

...

„Hm ... ja, das ist die Lösung, Forseti ... das verstehe ich sofort. ... Aber ich habe sie bisher nicht gefunden gehabt."

...

Ein sehr tiefer Seufzer ...

„Das ist echt genial, was Du mir da erzählst! ... ... Und Gerechtigkeit und Rechtsprechung und sowas ist ja letztlich nichts anderes als die Regeln, aufgrund derer eine Gemeinschaft zusammenleben will – und die werden durch das bestimmt, was die Leute wollen. ... Und da hängt viel davon ab, wer den größten Einfluß, die größte Macht hat. ...

Das heißt Macht im Sinne von großem Einfluß eines Einzelnen auf viele wird verhindert, indem alle Einzelnen souverän sind, weil ... die lassen sich dann nicht mehr beeinflussen und rumschubsen ... und das ist die Qualität, die Du mir vorhin gezeigt hast, Forseti. ...

Zwischen der Wahrnehmung und der Reaktion ist dann immer dieser Augenblick der Besinnung. ...

Puh! ... Das ist einfach toll! ... Das ist auch das, was ich gerade zu lernen versuche: Ununterbrochen im Hier und Jetzt zu bleiben ... und Gefühle und Erinnerungen und alte Ängste und alles, was da so kommt, wahrzunehmen, aber mich nicht von ihnen überschwemmen zu lassen, sodaß ich dann aufgrund dieser Angst mir selber erzähle: 'So und so ist die Welt und mein Leben.'"

...

„Ja, das ist genau das."

„Puh! ... Hilfst Du mir dabei, Forseti? ... Das zu lernen?"

„Na, klar!" Er lacht leise vor sich hin. „Was sollte ich lieben mögen?"

Lange Pause ...

„Forseti, ich bin einfach voller Dankbarkeit für das, was Du mir da gerade gezeigt hast! ... Denn das ist ein Bereich, der jetzt wirklich schon seit mindestens fünfzehn

Jahren voller Fragezeichen gewesen ist. ... Vielen, vielen Dank, Forseti!"
„Es war mir eine Freude!"

...

„Gibt es noch etwas, was Du mir sagen oder zeigen möchtest?"
„Dir persönlich?"
„Wenn Du magst, gerne!"

...

„Hm ... ich habe das Gefühl, Du zeigst mir was, aber meine eigenen Vorstellungen hindern mich daran, es klar zu sehen."
„Was hast Du gesehen?"
„Erst dieses Leuchten von meinem Herzchakra ... und dann, daß ich Harfe spiele ... und daß ich ... meine Finger auf den Saiten dieses Leuchten spiele lasse und schaue, was dann entsteht ... so wie man bei Familienaufstellungen einfach in eine Rolle geht und dann spontan wie die betreffende Person, deren Rolle man eingenommen hat, handelt ... das mache ich ja auch manchmal beim Harfespielen, daß ich auf diese Weise spiele. ... Da hat sich Bragi eingemischt – nicht wahr?"
Forseti lacht wieder leise vor sich hin und sagt dann: „Der ist nicht so sehr verschieden von mir."

...

„Gibt es eine Möglichkeit, daß ich das, was Du mir zeigen wolltest, noch direkter sehe?"
„Komm in mich."
„O.k."
Ich wechsle in sein Bewußtsein ... Da ist dieses Sonnen-Strahlen von Tyr, aber mit einer solchen Intensität ... ... daß ich sofort glücklich bin ... Ich kenne dieses Leuchten ... wenn ich völlig ungehindert ich selber bin ... das ist einfach ... ja ... das ist das Beste, was ich bisher kenne ... dieses Leuchten in sich zu haben ...
Das ist so intensiv, daß ich einfach lachen muß ... lachen vor Glück ... wegen diesem Erfülltsein ... ich bin von meiner Seele erfüllt ...
Das ist das, was Du den Menschen zeigen möchtest?"
„Ja."

...

„Ah ... also, wenn ich nicht eh schon mit meinem Bewußtsein in Dir wäre, würde ich Dich jetzt umarmen!"
Forseti lacht: „Tu's trotzdem."
Ich tu's und muß lachen, lachen vor Freude ...

...

„Das ist gut! ... das, was Du da machst, ist genau das, was ich in meinem Leben auch tun will, Forseti! ... das, was ich bei meinen Beratungen mit Leuten mache ... was ich mit meinem Bücherschreiben erreichen will ... was ich in Freundschaften

erreichen will ... dieses Leuchten ... was ich auch in Beziehungen anstrebe, ja ... und das ist auch die Wirkung, die ich habe ... doch, das geht in die Richtung – auf jeden Fall ..."

„Ja ... jetzt bist Du gerade in bißchen zu bescheiden ... Du machst das schon ganz gut."

...

Ich muß schon wieder lachen ...
„Ich kann mich garnicht von Dir verabschieden, Forseti."
„Das brauchst Du auch nicht. Bleib einfach mit mir verbunden."

...

„Ja, das bin ich. ... Muß ich aus Deinem Bewußtsein heraustreten?"
„Möchtest Du?"

...

„Eigentlich möchte ich da drinnen bleiben. ... Ist das o.k.? ... Ich habe soetwas noch nicht gemacht. ... Ich bin am Ende immer wieder rausgegangen."
„Und was meinst Du? Ist das o.k.?"

...

„Wie ist das mit meiner Eigenständigkeit?"

...

„Was meinst Du?"
„Ich weiß es nicht genau ..."

...

Ich habe gerade versucht, selber aus mir heraus zu leuchten ...
„Ah! Jetzt stehe ich eigenständig da und leuchte ... und ich bin nicht in Deiner Gestalt ... sonst wäre ich ja irgendwie wie Du ... sondern ich bin ... Ha, wie soll man das denn sagen? ... wie in Deinem Segensbereich ... hm ... ... also wie ... (Ich muß wieder lachen ...) ... wie innerhalb Deines Lächelns."
Da lacht auch Forseti leise vor sich hin: „Das hast Du schön gesagt. ... fühlt sich das jetzt richtig an?"
„Das fühlt sich gut an. ... Da bleibe ich."
„Ja."

...

„Innerhalb Deines Lächelns ... ja, genau ... Vielen, vielen Dank, Forseti!"
„Bitteschön."
Ich muß wieder leise vor mich hin lachen ...
„Dann kehre ich jetzt zurück und bleibe in Deinem Lächeln ... Genau so mache ich das. ... Danke!"
Ich kehre jetzt zurück.
„Ho!"

Diese Traumreise hat 40 Minuten gedauert.

V Hymne an Forseti

1. An Forseti

Auf der Insel in Ägirs Wüste[17]
am Strand des Reiches der Ran[18],
steht hoch der Heilige Hain,
sein Schatten hütet des Asen Rinder.

Glitni heißt die hohe, goldene Halle,
Glastheim wird sie weithin genannt,
goldene Säulen, geschmückter Giebel,
in der Sonne glänzt das silberne Dach.

Dort richtet der Richter-Ase,
spricht Recht, beruhigt den Streit;
weise Worte erreichen die Herzen,
die goldene Axt[19] wird selten gebraucht.

Sohn des Baldur, Enkel des Surt[20],
Erwecker der Sonne im Herzen!
Laß die Menschen ihre Seele sehen,
laß sie das Leuchten des Thiazi[21] schauen!

---

17 Ägir = Meeresgott; seine Wüste = Meer
18 Ran = Meeresgöttin; ihr Reich = Meer
19 Die goldene Axt könnte ein Symbol seiner Stärke sein, aber auch ein Symbol der Sonne.
20 Surt = Tyr; Hier wird Baldur als Aspekt des Tyr als „Baldur Tyr-Sohn" aufgefaßt –
    wodurch Forseti zu Tyrs Enkel wird.
21 Thiazi = Tyr

H   Hofund Baldur-Sohn

I   Hofund in der germanischen Überlieferung

1.   Der Name „Hofund"

Der Name „Hofund" setzt sich auf „hof" und aus „und" zusammen. Der erste Teil des Namens bedeutet „Tempel". Der zweite Teil ist wahrscheinlich eine Umformung entweder von „vin" für "Freund" oder von „vind" für „Sieger" – beide Worte sind in Namen mehrfach zu einem „-und" geworden.

Die Bedeutung „Tempel-Freund" klingt wahrscheinlicher als „Tempel-Sieger".

2.   Die Hofund-Mythe

2. a)   Die Saga über Hervor und König Heidrek den Weisen

Hofund, der Sohn des Tyr-Godmund wird lediglich in der Saga über Hervor und König Heidrek erwähnt. Dort ist er eine Sagengestalt, die jedoch noch deutlich als der Gott Forseti Baldur-Sohn erkennbar ist.

Daß Hofund der Sohn des Tyr-Godmund ist, bestätigt die Vermutung, daß der mit Hofund identische Forseti ursprünglich ein Aspekt des Tyr gewesen ist.

Hofund, der Sohn des Godmund, hörte über Hervor und kam und hielt um Hervors Hand an. Dies wurde ihm gewährt und er nahm sie mit heim.

Hofund war der weiseste Mann an Verstand und Voraussicht. Er wurde zum Richter über alle Länder ringsum ernannt. Er war so gerecht und unparteiisch, daß er niemals falsch urteilte oder jemanden bevorzugte, weder daheim noch außerhalb.

Nach ihm ist der „hofund", d.h. der Richter benannt worden, der überall die Streitigkeiten der Menschen entscheidet. Niemand wagte seine Herrschaft zu brechen und niemand wünschte dies überhaupt nur zu tun.

Godmund ist der ehemalige Göttervater Tyr, weshalb sein Sohn der wiedergeborene Tyr ist und Tyr sein wiedergeborener Vater Heidrek ist. Sie sind alle der sich reinkarnierende Sonnengott-Göttervater Tyr. Die Gerechtigkeit, auf die der Name des Hofund hinweist, ist somit eine Eigenschaft des Tyr gewesen.

In der Hervor-Saga wird der Name „Hofund" als „Richter" aufgefaßt, was mit der Deutung des Namens als „Tempel-Freund" zusammenpassen würde – die Richter wären dann „Tempel-Freunde", d.h. sie stehen mit den Göttern in den Tempeln in enger Verbindung. Das Amt des Richters und das des Priesters waren eng miteinander verbunden, wie sich ja auch in dem Amt des Goden zeigt, der beide Funktionen in sich vereint.

Hervor und Heidrek hatten zwei Söhne. Der eine wurde Angantyr genannt und der andere Heidrek. Sie waren beide große Männer, stark, geschickt und vielversprechend. Angantyr war von seinem Temperament wie sein Vater und wünschte, daß es allen gut ging. Hofund liebte ihn sehr und ebenso liebten ihn alle Leute. Aber so viel Gutes, wie er auch tat, umsomehr Böses tat Heidrek. Hervor liebte ihn sehr. Heidreks Ziehvater wurde Gizur genannt.

Diese Schilderung der beiden Brüder erinnert sehr an den Charakter von Tyr und Loki, die sehr wahrscheinlich ebenfalls Brüder gewesen sind, und an deren Nachfolger Odin und Loki, die Blutsbrüder waren. Der dem Tyr gleichende Bruder heißt zudem auch noch „Angan-Tyr" („Schreckens-Tyr").

Einst hielt Hofund ein großes Fest, auf das alle Jarle in dem Land außer Heidrek eingeladen waren. Das gefiel ihm nicht sehr und er ging trotzdem hin und sagte bei sich, daß er ihnen Schaden zufügen solle. Und als er in die Halle kam, erhob sich Angantyr, um ihn zu begrüßen und sagte ihm, er solle sich an seine Seite setzen.

Heidrek war nicht glücklich und saß bis spät in den Abend hinein und trank. Und als sein Bruder Angantyr hinausging, sprach Heidrek mit den Männern, die neben ihm saßen und stachelte sie mit seinen Worten so auf, daß sie zu streiten begannen und alle üble Dinge übereinander sagten. Dann kam Angantyr zurück und gebot ihnen zu schweigen.

Als Angantyr später noch einmal hinausgegangen war, erinnerte Heidrek die Männer neben ihm daran, was sie zuvor zueinander gesagt hatten, bis sie sich schließlich zu schlagen begannen. Dann kam Angantyr und gebot ihnen, die Dinge bis zum Morgen ruhen zu lassen.

Doch als Angantyr zum dritten mal hinausgegangen war, frug Heidrek denjenigen, der geschlagen worden war, ob er es nicht wagen würde, sich zu rächen. Auf diese Art sprach er weiter, bis schließlich der, der geschlagen worden war, aufsprang und seinen Gast-Nachbarn tötete. Da kam Angantyr zurück.

Als Hofund dies bemerkte, befahl er Heidrek fortzugehen und in dieser Nacht keinen weiteren Ärger zu machen.

Dieses Anstacheln zum Streit durch Heidrek entspricht genau dem Vorgehen von Loki.

Danach ging Heidrek zusammen mit seinem Bruder Angantyr in den Hof hinaus, wo sie sich trennten. Als Heidrek ein Stück weit von der Halle fortgegangen war, dachte er bei sich, daß er hier noch nicht viel Schaden angerichtet habe.

Er wandte sich zurück zur Halle und hob einen großen Stein auf und warf ihn in die Richtung, wo er einige Leute im Dunklen reden hören konnte. Er erkannte, daß der Stein jemanden getroffen haben mußte, und ging dorthin und fand einen toten Mann und erkannte, daß es sein Bruder Angantyr war. Er rannte geradewegs in den Wald.

Der endlose, zyklische Kampf, der die Jahreszeiten verursacht, ist das Hauptthema zwischen Tyr und Loki, die vermutlich ebenfalls Brüder gewesen sind. Im Herbst wurde Loki wiedergeboren und tötete den Tyr, während im Frühjahr Tyr wiedergeboren wurde und den Loki tötete. An die Stelle des Tötens trat dann die Verbannung in die Unterwelt – was letztlich jedoch dasselbe ist.

Aus der Verbannung in das Jenseits ist in dieser Saga die Flucht in den Wald geworden.

Hofund veranstaltete ein Bestattungsfest für seinen Sohn und trauerte sehr wegen Angantyrs Tod.

Heidrek bereute seine Tat und lebte lange in den Wäldern und lebte von Tieren und Vögeln, die er schoß.

Als er seine Lage bedachte, schien es ihm, daß nichts Gutes über ihn erzählt werden würde, wenn er jemals wieder gesehen werden würde. Es kam in seinen Sinn, daß er noch immer ein berühmter Mann mit großen Taten werden könne wie seine Vorfahren. Er ging heim.

Diese Reue ist völlig Loki-untypisch – durch die verwandelt sich „Loki-Heidrek" gewissermaßen in „Tyr-Heidrek".

Heidrek ging in die Halle vor seinen Vater und berichtete ihm alles.

Hofund sagte zu ihm, daß er fortgehen und ihm nie wieder unter die Augen kommen solle und daß es passender wäre, wenn er erschlagen oder gehängt werden würde.

Dann sprach Königin Hervor und sagte, daß Heidrek bestraft werden solle, aber daß es eine sehr harte Strafe sei, wenn er nie wieder in seines Vaters Königreich zurückkehren dürfe und mit nichts als seinem Namen fortgehen müsse.

Aber Hofunds Wort wog so schwer, daß es getan wurde, wie er es befohlen hatte, und niemand war so kühn, ihm zu widersprechen und um Gnade für Heidrek zu bitten.

Die Königin bat Hofund, ihm zu ihrem Abschied guten Rat zu geben.

Hofund stimmte zu, ihm ein paar Worte des Rates zu geben, aber er sagte, daß er daran zweifle, daß dies für Heidrek von irgendeinem Nutzen sei, „aber da Du, meine Königin, darum bittest, ist dies der erste Rat, den ich ihm gebe: daß er niemals einem Mann helfen soll, der seinen Lehnsherrn getötet hat.

Dies ist der zweite Rat, den ich ihm gebe: daß er niemals einen Mann rettet, der seinen eigenen Freund getötet hat.

Der dritte: daß er niemals seine Frau oft ihre Familie besuchen läßt, selbst dann nicht, wenn sie darum bittet.

Der vierte: daß er niemals bis spät in die Nacht mit seiner Nebenfrau draußen bleibt.

Der fünfte: daß er niemals sein bestes Pferd reitet, wenn er große Eile hat.

Der sechste: daß er niemals eines edleren Mannes Kind aufziehe.

Und es scheint mir sehr wahrscheinlich, daß Du diesen Ratschlägen nicht folgen wirst.“

Heidrek sagte zu ihm, daß er diesen Rat wider seinen Willen gegeben habe und daß er nicht verpflichtet sei, ihn zu befolgen. Dann verließ Heidrek die Halle.

Seine Mutter erhob sich und ging mit ihm nach draußen und folgte ihm auf den Hof und sprach: „Du hast es getan, mein Sohn. Und bei dem, was Du getan hast, kannst Du nicht erwarten, zurückkommen zu dürfen – daher gibt es nicht viel, wie ich Dir helfen kann. Hier ist eine Mark Gold und ein Schwert, daß ich Dir geben will. Es heißt Tyrfing und es gehörte einst Angantyr dem Berserker, Deinem Großvater. Niemand ist so unwissend, daß er niemals darüber erzählen gehört hat. Und wenn Du an Orte kommst, wo Männer Schläge austauschen, dann erinnere Dich daran, wie oft Tyrfing siegreich gewesen ist.“

Da wünschte sie ihm alles Gute und sie verabschiedeten sich.

Auch die Schwert-Symbolik stammt von dem ehemaligen Göttervater Tyr, der im Herbst sein Schwert verlor und es im Frühjahr zurückerlangte – so wie Heidrek, der jetzt zu einem „Tyr“ geworden war, das Tyr-Schwert mit dem Namen „Tyr-Finger“ erhielt.

Eine andere Variante dieses Vorganges ist das Zerbrechen des Schwertes im Herbst und das Neuschmieden im Winter, sodaß es im Frühjahr wieder ganz war: Sigmunds Schwert zerbrach bei seinem Tod, dann wurde es von Regin (Wieland) für seinen Sohn Sigurd neugeschmiedet, der dann mit ihm seine Heldentaten vollbrachte.

… … …

Zu dieser Zeit kam eine große Hungernot über Reitgotaland, sodaß es zu einem Ödland zu werden schien.

Da wurden von den Wahrsagern Lose geworfen und es fiel das Opfer-Losholz, wodurch sie erfuhren, daß das Gedeihen nicht zum Reitgotaland zurückkehren würde, bevor nicht der edelste Jüngling im Reitgotaland geopfert wurde. König Harald sagte, daß Heidreks Sohn die höchste Stellung haben und Heidrek sagte, daß Haralds Sohn der edelste sei. Darüber konnten sie sich nicht einigen außer dadurch, daß sie zu dem Mann gingen, dessen Rat alle vertrauen konnten: König Hofund.

Heidrek wurde als Anführer für diese Fahrt ausgewählt und mit ihm zogen viele angesehene Männer. Als Heidrek zu seinen Vater kam, wurde er gut aufgenommen. Er legte ihm die ganze Angelegenheit dar und bat ihn um ein Urteil. Und Hofund sagte, daß Heidreks Sohn der höchste im ganzen Land sei.

Heidrek sprach: „Mir scheint, daß Du das Todesurteil meines Sohnes sprichst – was willst Du also tun, um mir meinen Verlust auszugleichen?"

Da sprach König Hofund: „Du mußt verlangen, daß sich jeder vierte Mann von denen, die bei dem Opfer zugegen sind, Deinem Befehl unterwirft und daß Du sonst Deinen Sohn nicht opfern wirst. Du brauchst ihnen nicht zu sagen, was Du dann tun wirst."

Daher wurde, als Heidrek heim nach Reitgotaland kam, ein Rat einberufen. Da hub Heidrek wie folgt zu sprechen ab: „Es ist die Entscheidung meines Vaters König Hofund, daß mein Sohn der edelste im ganzen Land ist und daß daher er für das Opfer auserwählt wird. Als Ausgleich dafür will ich die Befehlsgewalt über jeden vierten Mann haben, der zu diesem Rat gekommen ist, und ich will, daß ihr mir dies gewährt."

So geschah es – sie wurden seinen Truppen beigefügt. Danach ließ er seine Truppen versammeln und das Banner erheben und griff König Harald an. Da kam es zu einer großen Schlacht, bei der König Harald zusammen mit seinen Männern fiel. Da übernahm Heidrek das Land, das König Harald gehört hatte und machte sich selbst zum König dieses Landes.

Heidrek sagte, daß all die Krieger, die getötet worden waren, ein Opfer anstelle seines Sohnes waren, und gab die Toten dem Odin.

Seine Frau war so wütend über den Tod ihres Vaters, daß sie sich in dem Tempel der Göttin erhängte.

3. Zusammenfassung

Der Name „Hofund" des Sohnes des Tyr-Godmund bedeutet vermutlich „Tempel-Freund" und ist als Bezeichnung für „Richter" verwendet worden. Das und weist auf die Gerechtigkeit des ehemaligen Göttervaters Tyr hin.

165

Der Ase Forseti Baldur-Sohn scheint mit Hofund, dem Sohn des Tyr-Godmund identisch zu sein – beide haben denselben Charakter und zudem scheint Baldur die Zyklus-Symbolik des Tyr übernommen zu haben, nachdem dieser durch Odin und Thor als Göttervater abgesetzt worden ist.

I Magni Thor-Sohn

I Magni in der germanischen Überlieferung

Magni ist vor allem als Sohn des Thor bekannt. So wie Hnoss Freya-Tochter den goldenen Halsreif der Göttin Freya verkörpert, so stellt Magni die Kraft des Thor dar.

1. Der Name „Magni"

„Magni" bedeutet „Kraft, Macht, Vermögen(=Fähigkeit)".

2. Modi und Magni

Die beiden Söhne des Thor sind zwar die Verkörperung seines Mutes und seiner Kraft, aber bei ihrer Entstehung wird auch das Vorbild der beiden Alcis, also der beiden Pferde-Söhne des ehemaligen Göttervaters Tyr mitgewirkt haben. Als Thor und Odin den Gott Tyr absetzten, übernahmen sie dessen Symbolik – aus den beiden Pferde-Söhnen des Tyr wurde in der Ikonographie des Odin sein „Doppelpferd" Sleipnir.

3. Die Magni-Mythe

3. a) Skaldskaparmal

In dieser Mythe treten neben Thor und Hrungnir auch Thors Diener-Priester Thialfi, Thors Sohn Magni sowie Odin in wichtigen Rollen auf.

Thor war nach Osten gezogen, Unholde zu töten.
Odin ritt auf Sleipnir gen Jötunheim und kam zu dem Riesen, der Hrungnir hieß.

„Hrungnir" bedeutet „Lärmer" – ein typischer Riesen-Namen.

Das „Hrungnir-Herz" war ein beliebtes Symbol auf den Runensteinen. Es stellt vermutlich die Seele im Herzen dar. Dieses Symbol bestand aus drei ineinander verschlungenen Dreiecken, was auf das Jenseits und evtl. auch auf die drei Nornen hinweist.

Da die Riesen im Allgemeinen die Elterngeneration der Asen sind, läßt dieses Symbol läßt vermuten, daß Hrungnir einst ein wichtiger Gott gewesen sein muß, denn sonst hätte sein Herz kaum das allgemeine Symbol für die Seele werden können. die Vermutung liegt nahe, daß sich Hrungnir aus dem Göttervater Tyr im Jenseits entwickelt hat.

Da frug Hrungnir, welchen Mann er da sehe mit dem Goldhelm, der Luft und Wasser reite? Er sagte auch, er reite ein sehr gutes Roß.

Da sagte Odin, er wolle sein Haupt verwetten, daß kein so gutes Roß in Jötunheim sei.

Hrungnir sagte, jenes Roß möge gut sein; aber sein eigenes Roß, das Gullfaxi heiße, mache viel weitere Sprünge. Hrungnir wurde zornig, sprang auf sein Roß und setzte Odin nach und gedachte, ihm seine Prahlerei zu lohnen.

Odin ritt so schnell, daß er eine gute Strecke voraus war; aber Hrungnir war in so großem Jotenzorn, daß er nicht merkte, als er schon innerhalb der Asenmauer war.

Man wird davon ausgehen können, daß Odin nur mit einem gleichwertigen Gegner einen Wettritt austragen wird. Der passendste Gegner für Odin wäre sein Vorgänger Tyr.

Es gibt noch einen Hinweis darauf, daß Hrungnir der ehemalige Göttervater Tyr ist: Odin trägt einen goldenen Helm und reitet durch die Luft und über Wasser. Da der Goldhelm des Odin sehr wahrscheinlich wie die goldenen Zähne des Heimdall ein Symbol der Sonne sind, erscheint Odin hier als Sonnengott, was ein Charakterzug ist, der bei Tyr noch recht ausgeprägt war, aber bei Odin normalerweise keine Rolle spielt. Falls es bei diesem Wettritt jedoch um einen Vergleich zwischen dem ehemaligen und dem neuen Göttervater ging, ist es natürlich wichtig, daß Odin nicht „kleiner" als Tyr erscheint, weshalb er durch seinen Goldhelm auch als Sonnengott dargestellt wurde.

Als er nun an das Tor der Halle kam, luden ihn die Asen zum Trinkgelage. Er trat in die Halle und begehrte einen Trunk. Sie nahmen die beiden Schalen, aus welchen Thor zu trinken pflegte, und Hrungnir leerte sie beide.

Und als er trunken wurde, ließ er das Großsprechen nicht; er sagte, er wolle Walhall nehmen und nach Jötunheim bringen, Asgard versenken und alle Götter töten außer Freyja und Sif, die wolle er mit sich heimführen. Als Freyja ihm darauf einschenkte, drohte er, den Asen all ihr Ael auszutrinken.

Hrungnirs Drohungen entsprechen ganz den Szenerien der Mythen über Thiazi, Hymir und Geirröd: Es geht um den Streit zwischen den Götter und Loki um die Göttin (Freya, Sif, Idun) und um das Symbol der Wiedergeburt (Iduns Äpfel, Odins Draupnir, Freyas Brisingamen usw.). An die Stelle des Tyr im Diesseits ist der Tyr-Riese im Jenseits getreten und an die Stelle des Loki im Jenseits die Götter in Asgard.

Als aber die Asen sein Großsprechen verdroß, nannten sie Thors Namen: alsbald kam Thor in die Halle und schwang den Hammer und frug zornig, wer schuld sei, daß hundweise Jötune da trinken dürften, oder wer dem Hrungnir erlaubt habe, in Walhall zu sein und warum ihm Freyja einschenke wie bei den Gelagen der Asen?

Nachdem durch den Wettritt Odin bereits über Hrungnir gesiegt hatte, wird nun Thor als der Stärkste aller Asen geschildert. Der Wettritt zwischen Odin und Hrungnir ist somit eine geschickte Eröffnung dieser Mythe gewesen, die die Rangfolge der Götterväter und „Ex-Göttervater"-Riesen klärte – und Thor an ihre Spitze stellte.

Da antwortete Hrungnir und sagte, indem er mit unfreundlichen Augen auf Thor blickte, Odin habe ihn zum Trinkgelage gebeten und er sei in dessen Frieden.
Da sagte Thor, der Einladung solle den Hrungnir gereuen, ehe er hinauskomme. Hrungnir entgegnete, Asathor werde wenig Ehre davon haben, wenn er ihn unbewaffnet töte; mehr Mut verrate er, wenn er es wage, an der Ländergrenze bei Griotunagardar mit ihm zu kämpfen.

„Griotunagardar" bedeutet „Geröllfeld-Grenze" oder „Steinstadt". Damit ist der Wohnort der Riesen, also Utgard gemeint.

„Es war große Unklugheit," sagte er, *„daß ich Schild und Schleifstein daheim ließ. Wenn ich meine Waffen hier hätte, wollten wir gleich einen Holmgang versuchen; da dies aber nicht der Fall ist, so beschuldige ich Dich einer Schandtat, so Du mich wehrlos töten willst."*
Thor wollte sich der Annahme des Zweikampfes keineswegs entziehen, da er dazu aufgefordert wurde, was ihm nie zuvor begegnet war.

Ein Schleifstein als Waffe ist recht auffällig. Der einzige andere Schleifstein, der in den germanischen Mythen eine Rolle spielt, ist der, den Odin auf seiner Reise in das Hügelgrab-Jenseits der Riesen-Tochter Gunnlöd, von der er den Göttermet rauben will, mit sich trägt. Mit ihm überlistete er neun Knechte mit Sensen, indem er ihnen mit dem Schleifstein die Sensen schärfte und dann den Stein emporwarf, sodaß sich

169

die neun Knechte im Streit um den Stein gegenseitig töteten.

Man kann zumindestens vermuten, daß der Schleifstein, die Sensen und die Neun-zahl der Knechte auf ein Ernte-Motiv hinweisen, in dem das Sensen des Getreides dem Tod der Menschen gleichgesetzt worden ist.

Möglicherweise hatte auch der Riese Hrungnir eine Verbindung zu dem Gleichnis zwischen der Getreideernte und dem Tod.

Die Kombination der Motive von Odin, Schleifstein und den neun Ernteknecht-Rie-sen wäre dann ein Vorläufer der Kombination der Motive von Thor, Schleifstein und dem Riesen Hrungnir. Die zweite dieser beiden Motiv-Kombinationen wird aus der ersten entstanden sein, als in Island Thor allmählich von seinem Vater Odin die Position des wichtigsten Gottes übernahm.

Die ganz formale Herausforderung des Thor durch Hrungnir zu einem Zweikampf gibt diesem Vergleich der wichtigsten Götter noch ein zusätzliches Gewicht, denn Thor gilt, wenn er über Tyr-Hrungnir siegt, ganz offiziell als der Stärkere von beiden.

Da fuhr Hrungnir seines Weges und sputete sich aus aller Macht bis er gen Jötunheim kam.

Da machte seine Fahrt großes Aufsehen bei den Jötunen, und ebenso, daß es zwischen ihm und Thor zur Verabredung des Zweikampfs gekommen war. Die Jötune hielten es für überaus wichtig, wer den Sieg erhielte, denn sie fürchteten das Schlimmste von Thor, wenn Hrungnir bliebe, denn er war der Stärkste unter ihnen.

Die Beschreibung des Hrungnir als des stärksten aller Riesen paßt gut zu seiner Deutung als „Göttervater im Jenseits".

Da machten sie auf Griotunagardar einen Mann von Lehm, der neun Rasten hoch war und drei breit unter den Armen.

Sie fanden aber kein Herz, das so groß war, als sich für ihn ziemte, bis sie das einer Stute nahmen, welches sich ihm jedoch nicht haltbar erwies, als Thor kam.

Der Lehmriese ist selbst für Riesenverhältnis sehr groß, da eine Raste drei römische Meilen, d.h. 4.446m lang ist. Der Lehmriese ist folglich rund 40km hoch (fünfmal der Mount Everest) und hat eine Brustbreite von 13,5km. Dies dürfte abgesehen von dem Urriesen Ymir, aus dem die Asen die gesamte Welt erschufen, der größte aller Riesen sein, von dem in den germanischen Mythen und Sagas berichtet wird.

Wichtiger als diese gewaltige Größe des Riesen sind vermutlich die beiden Zahlen, die seine Größe angeben, denn die „3" wurde als Adjektiv für „mit dem Sonnenzyklus zusammenhängend" und die „9" als für „zum Jenseits gehörend" verwendet. Die Kombination von Sonnenzyklus und Jenseits ist jedoch der ehemalige Sonnengott-Göttervater Tyr als Jenseits-Riese – also Hrungnir.

Da Tyr als der rangmäßig erste der Riesen des öfteren mit Ymir als dem größenmäßig und zeitlich gesehen ersten Riesen gleichgesetzt worden ist, sollte der Lehmriese Ymir sein.

Bei Thor-Mythen besteht zudem generell der Verdacht, daß in der letzten Phase der germanischen Religion, als der Donnergott zu der mit Abstand wichtigsten Gottheit wurde, ehemalige Mythen, die mit Odin oder noch früher mit Tyr verbunden waren, auf Thor übertragen und dabei als Kampf gegen einen Riesen o.ä. umgedeutet worden sind.

Das deutlichste Beispiel für die Übertragung von Odin-Mythen auf Thor ist das Alwiss-Lied, in dem Thor durch eine List statt durch seinen Hammer einen Gegner besiegt – was so gar nicht in das sonstige Bild des Thor paßt.

Hrungnir selbst hatte bekanntlich ein Herz von hartem Stein, scharfkantig und dreiseitig, wie man seitdem das Runenzeichen zu schneiden pflegt, das man Hrungnirs Herz nennt.

Das Steinherz des Hrungnir könnte evtl. die Dauerhaftigkeit dieses Herzens symbolisieren.

Sehr wahrscheinlich ist es mit dem Triskelis („Dreibein") verwandt, das für die Kelten, die Griechen und einige andere West-Indogermanen ein wichtiges Sonnensymbol war und dessen Ursprung sich bis zu den frühen Ackerbauern in Mesopotamien zurückverfolgen läßt.

Dieses „Dreibein" stellt den Lauf der Sonne über den Himmel dar. Ein ihm verwandtes Dreibein ist das dreibeinige Pferd der Hel.

Hrungnir-Herz und Triskelis			
	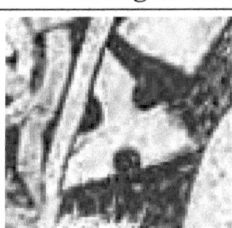		
Hrungnir-Herz; Runenstein von Uppsala	*spitze Form eines Hrungnir-Herzens; Runenstein von Stenkyrka*	*Hrungnir-Herz aus drei Met-Hörnern; Runenstein von Snoldelav*	*ein Adler bringt das Hrungnir-Herz bei einer Einweihung; Runenstein von Bunge*

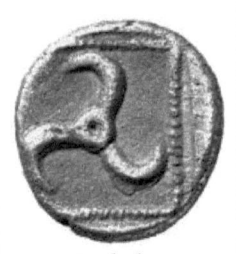   

Triskelis; Griechen	Triskelis als Dreibein unter einem Vierspänner; Griechen	Triskelis unter einem Pferd; Kelten	Triskelis unter einem Streitwagen; Kelten

Das Pferd bzw. der Streitwagen, unter dem sich das Dreibein sehr oft befindet, ist vermutlich der Streitwagen des Sonnengottes bzw. des Göttervaters.

Auch sein Haupt war von Stein, von Stein auch sein breiter, dicker Schild, und diesen Schild hielt er vor sich, als er auf Griotunagardar stand und Thors wartete. Seine Waffe war ein Schleifstein, den er über die Achsel nahm, und nicht mild war er anzuschauen. Ihm zur Seite stand der Lehmriese, der Möckrkalfi hieß. Er war aber sehr furchtsam, und man sagt, daß er Wasser ließ, als er Thor sah.

Der Name „Möckrkalfi" setzt sich aus „möckr" und „kalfi" zusammen. Das erste der beiden Worte ist entweder das altnordische „mökkr" für „dichte Wolke" oder es leitet sich von urgermanisch „mukkä" für „Brocken", „Haufen" oder „plumper Mensch" ab. Das zweite Wort ist wahrscheinlich eine Variante des urgermanischen „kalbaz" für „Kalb" – dies Wort ist sozusagen die Zwischenform zwischen dem germanischen „kalbaz" und dem englischen „calf".

Der Name „Mökkurkalfi" ist somit eher ein Spottname, den die Asen diesem Riesen gegeben haben, als eine Benennung durch die Riesen selber. Man könnte ihn in etwa mit „plumpes Kalb" übersetzen.

Das erinnert daran, daß Ymir von der Kuh Audhumbla gestillt worden ist, die man daher auch als seine Mutter auffassen kann – wodurch Ymir zum Kälbchen wird.

Thor fuhr zum Holmgang und mit ihm Thialfi. Da lief Thialfi voraus, dahin, wo Hrungnir stand, und sprach zu ihm: „Du stehst übel behütet, Jötun: zwar hast Du den Schild vor Dir; aber Thor hat Dich gesehen, er fährt niederhalb in die Erde und wird von unten an Dich kommen."

Darauf warf sich Hrungnir den Schild unter die Füße und stand darauf; die Steinwaffe aber faßte er mit beiden Händen.

172

Thialfis List klingt recht seltsam und es ist verwunderlich, daß Hrungnir es dem Diener seines Gegners auch noch glaubt: Thor soll angeblich aus der Erde heraus und nicht frontal von vorne kommen, wie es eigentlich seine Art ist. Es sollte demnach eine Gottheit geben, die üblicherweise „aus der Erde heraus" kommt und die zudem noch eine Verbindung zu einem Schild hat, da Hrungnir diesen unter sich legt. Dies ist der Sonnengott-Göttervater Tyr, der als Sonnenscheibe am östlichen Horizont wie „aus der Erde heraus" aufsteigt.

Diese Deutung der Schild-Szene paßt gut zu der Vermutung, daß es sich bei Hrungnir um eine der vielen Umdeutungen des ehemaligen Sonnengott-Göttervaters Tyr handelt. Das Versinken des Sonnen-Schildes „in der Erde" abends am westlichen Horizont wird daher zu dem Tod des Riesen Hrungnir geworden sein. Diese Umdeutung wurde dadurch erleichtert, daß der Sonnengott im Jenseits zu einem Sonnen-Riesen wurde, da die Riesen zum einen die Väter der Asen und zum anderen die Wesen des Jenseits sind.

Beide Merkmale zusammen ergeben den Sonnengott, der am Abend stirbt, in das Jenseits eingeht, sich dort mit der Göttin bei der Wiederzeugung vereint und dann am Morgen als sein eigener Sohn wiedergeboren wird.

Darauf vernahm er Blitze und hörte starke Donnerschläge und sah nun Thor im Asenzorn, der gewaltig heranfuhr, den Hammer schwang und ihn aus der Ferne nach Hrungnir warf.

Hrungnir hob die Steinwaffe mit beiden Händen und hielt sie entgegen: da traf sie der Hammer im Fluge und der Schleifstein brach entzwei: der eine Teil fiel zur Erde, und davon sind alle Wetzsteinfelsen gekommen; der andere fuhr in Thors Haupt, so daß er vor sich auf die Erde stürzte.

Der Splitter des Schleifsteins in Thors Haupt wird eine Verharmlosung seines Todes, d.h. einer Jenseitsreise sein. Sie ist vermutlich aus der Umdeutung der Jenseitsreise des Sonnengott-Göttervaters entstanden. Der Steinsplitter in Thors Kopf bildet eine Parallele zu der Verletzung von Thors Ziegenbock.

Auch die Göttervater Tyr und Odin haben eine Jenseitsreise-Verletzung: Tyr fehlt die rechte Hand und Odin sein linkes Auge – folglich brauchte auch Thor eine solche Verletzung, um ihnen gleichgestellt oder überlegen sein zu können.

Der Hammer Miölnir aber traf den Hrungnir mitten auf das Haupt und zerschmetterte ihm den Schädel in kleine Stücke. Er selbst fiel vorwärts über Thor, so daß sein Fuß auf Thors Hals lag.

Thialfi aber griff Möckrkalfi an, der mit geringem Ruhm fiel.

Darauf ging Thialfi zu Thor und wollte Hrungnirs Fuß von ihm nehmen, hatte aber nicht die Macht dazu.

Da gingen die Asen alle hinzu, als sie von Thors Fall hörten, und wollten den Fuß von ihm nehmen, brachten es aber auch nicht zuwege.

Da kam Magni herbei, der Sohn Thors und Jarnsaxas, der erst drei Winter alt war, der warf Hrungnirs Fuß von Thor und sprach: „Schmach und Schande, Vater! daß ich so spät kam. Ich glaube, ich hätte diesen Riesen mit der Faust zur Hel gesandt, wäre ich mit ihm zusammengetroffen. "

Weder Thialfi noch die Asen selber sind in der Lage, den toten Hrungnir fortzu-heben und dadurch Thor zu befreien. Erst Thors Sohn, d.h. der wiedergeborene Thor kann den Donnergott wieder befreien.

Dieser Fortgang der Mythe entspricht ganz dem Ablauf der Jenseitsreise, bei der nicht derjenige zurückkehrt, der ins Jenseits gereist ist, sondern dessen Sohn, d.h. der von der Göttin wiedergeborene Jenseitsreisende. In dieser Wiedergeburtssymbolik ist auch stets der Sohn stärker als der Vater.

Auch diese Szene ist im Sinne der allgemeinen Dynamik des Thor in den Bereich der Körperkraft übertragen worden.

Der Fuß ist eines der wichtigeren Symbole des Sonnengottes, der auch als Him-melswanderer aufgefaßt worden ist.

Da stand Thor auf und empfing seinen Sohn wohl und sagte, er würde ein tüchtiger Mann werden, „auch will ich Dir", sagte er, „das Roß Gullfaxi geben, das Hrungnir besaß. "

Das Roß des Hrungnir ist nicht nur irgendeine Beute, denn es ist das Pferd des ehemaligen Göttervaters Tyr-Hrungnir. Thor übergibt seinem Sohn Magni mit diesem Roß zumindestens ein Anrecht auf die „Thronfolge" als Göttervater, wenn nicht sogar diese Position selber.

Der Name von Hrungnirs Roß Gullfaxi bedeutet genauso wie der Name von Heim-dalls Roß Gulltop „Goldmähne", da „faxi" und „top" lediglich zwei verschiedene Worte für „Mähne" sind. Dieses „Gold" weist darauf hin, daß der ehemalige Götter-vater Tyr noch eng mit der Sonnensymbolik verbunden gewesen ist. Der Gott Heim-dall hat deutlich mehr von der Sonnen-Symbolik des Tyr bewahrt als Odin.

Da hub Odin an und sagte, Thor habe übel getan, daß er dies gute Pferd dem Sohne einer Riesenfrau gegeben habe, und nicht seinem Vater.

Dies ist die einzige Stelle, an der gesagt wird, das Modis Mutter eine Riesin ist – also die Jenseitsgöttin in der Unterwelt. Als wiedergeborener Thor sollte Modis Mutter dieselbe sein wie Thors Mutter – also die Erdgöttin Jörd.

Da Thor in dieser Erzählung eine der Odin-Mythen sowie die Position des Odin als oberster Gottheit übernimmt, ist es kein Wunder, daß der nun ehemals wichtigste Gott Odin ein wenig eifersüchtig wird …

In dieser Mythe wurden auf geschickte Weise acht Vergleiche darüber angestellt, wer wohl der mächtigste Gott ist und daher auch die Position des Göttervaters für sich beanspruchen kann. Dabei wird sorgfältig jeder der vier Gottheiten Tyr-Hrungnir, Odin, Thor und Magni mit jedem anderen Gott verglichen. Um auch den allerletzten Zweifel darüber auszuräumen, wer der Stärkste in Asgard ist, werden Thor und Magni auch noch einmal mit „allen Asen" verglichen.

Die Vergleiche der „Göttervater"-Götter		
überlegener Gott	*unterlegener Gott*	*Art des Vergleiches*
Odin	Hrungnir	Wettritt
Thor	Hrungnir	förmlicher Zweikampf
Thor	Odin	Thor schenkt Hrungnirs Pferd seinem Sohn
Thor	Asen	Asen rufen Thor, um Hrungnir zu vertreiben
Magni	Hrungnir	Magni kann Hrungnirs Bein fortheben
Magni	Odin	nur Magni kann Hrungnirs Bein fortheben
Magni	Thor	nur Magni kann Hrungnirs Bein fortheben
Magni	Asen	nur Magni kann Hrungnirs Bein fortheben

Aus diesen Vergleichen ergibt sich, daß der Sohn bzw. Nachfolger jeweils dem Vater bzw. Vorgänger überlegen ist:

  - Odin ist stärker als sein Vorgänger Tyr-Hrungnir;
  - Thor ist stärker als sein Vater Odin, als dessen Vorgänger Hrungnir und auch stärker als alle anderen Asen;
  - Magni ist stärker als sein Vater Thor, als Odin und als alle andere Asen einschließlich Odin (die das Bein nicht fortheben können) und auch als Hrungnir (denn er kann dessen Bein fortheben).

175

Die Rangfolge entspricht somit der Reihenfolge des Stammbaumes des Götter-vaters:

Tyr-Hrungnir =(Nachfolger)=> Odin =(Sohn)=> Thor =(Sohn)=> Magni

Diese Folge zeigt, daß die Lieder, die den Thor über die verschiedenen Tyr-Riesen und z.T. auch über Odin stellen, nicht nur aus dem Streben einer Gruppe von Priester-Skalden stammt, die den Thor verehrten, sondern daß diese Entwicklung bereits im Wesen der Wiedergeburtssymbolik begründet liegt. Diese Dynamik ist auch von den meisten anderen indogermanischen Völkern bekannt.

3. b) Gylfis Vision

Snorri Sturluson berichtet, daß Magni den Ragnarök überlebt:

Da sprach Gangleri: „Leben denn dann noch Götter und gibt es noch eine Erde oder einen Himmel?"

Har antwortete: „Die Erde taucht aus der See auf, grün und schön, und Korn wächst darauf ungesäht.

Widar und Wali leben noch, weder die See noch Surturs Lohe hatte ihnen gescha-det. Sie wohnen auf dem Idafeld, wo zuvor Asgard war. Auch Thors Söhne, Modi und Magni, stellen sich ein und bringen den Miölnir mit. Danach kommen Baldur und Hödur aus dem Reiche Hels: da sitzen sie alle beisammen und besprechen sich und gedenken ihrer Heimlichkeiten, und sprechen von Dingen, die vordem sich ereignet, von der Midgardschlange und dem Fenriswolf."

3. c) Wafthrudnir-Lied

Dies wird in diesem Lied bestätigt:

Odin:
„Viel erfuhr ich, viel versucht ich,
Befrug der Wesen viel.
Wer waltet der Asen des Erbes der Götter,
Wenn Surturs Lohe losch?"

176

Wafthrudnir (Tyr):
„Widar und Wali walten des Heiligtums,
Wenn Surturs Lohe losch.
Modi und Magni sollen Miölnir schwingen
Und zu Ende kämpfen den Krieg."

3. d) Kenningar

Magni ist auch aus Kenningarn bekannt:

Thor	*Vater des Magni*		Snorri Sturluson	Skaldskaparmal
			Eilifir	(Skaldskaparmal)
			anonym	Harbard-Lied

4. Zusammenfassung

Der Name des Magni bedeutet „Kraft, Macht". Er ist zusammen mit seinem Bruder Modi („Wut, Mut") eine Analogiebildung zu den beiden Pferde-Söhnen des Tyr („Alcis"), die vermutlich um ca. 500 n.Chr. entstanden ist, als Odin und Thor den Tyr als Göttervater abgesetzt haben.

Modi und Magni sind Verkörperungen der beiden wesentlichen Eigenschaften des Donnergottes Thor: Mut und Kraft.

Magni scheint zudem auch der wiedergeborene Thor nach dem Ragnarök zu sein. Modis Mutter ist eine Riesin – vermutlich die Erdgöttin Jörd.

Die indogermanischen Wurzeln des Magni werden in dem Band über die Alcis dargestellt.

Die heutige Bedeutung des Magni ist mit der des Thor identisch, da er der wiedergeborene Thor ist.

177

J Modi Thor-Sohn

I Modi in der germanischen Überlieferung

Modi ist im Großen und Ganzen nur als Sohn des Thor bekannt. So wie Hnoss Ferya-Tochter den goldenen Halsreif der Göttin Freya verkörpert, so stellt Modi den Mut des Thor dar.

1. Der Name „Modi"

„Modi" bedeutet „Wut, Aufregung, Mut".

2. Modi und Magni

Die beiden Söhne des Thor sind die Verkörperung seines Mutes und seiner Kraft, aber bei ihrer Entstehung wird auch das Vorbild der beiden Alcis, also der beiden Pferde-Söhne des ehemaligen Göttervaters Tyr mitgewirkt haben. Als Thor und Odin den Gott Tyr absetzten, übernahmen sie dessen Symbolik – aus den beiden Pferde-Söhnen des Tyr wurde in der Ikonographie des Odin sein „Doppelpferd" Sleipnir.

3. Modi in den Mythen

3. a) Gylfis Vision

Snorri Sturluson berichtet, daß auch Modi den Ragnarök überlebt:

Da sprach Gangleri: „Leben denn dann noch Götter und gibt es noch eine Erde oder einen Himmel? "
Har antwortete: „Die Erde taucht aus der See auf, grün und schön, und Korn wächst darauf ungesäht.

178

Widar und Wali leben noch, weder die See noch Surturs Lohe hatte ihnen geschadet. Sie wohnen auf dem Idafeld, wo zuvor Asgard war. Auch Thors Söhne, Modi und Magni, stellen sich ein und bringen den Miölnir mit. Danach kommen Baldur und Hödur aus dem Reiche Hels: da sitzen sie alle beisammen und besprechen sich und gedenken ihrer Heimlichkeiten, und sprechen von Dingen, die vordem sich ereignet, von der Midgardschlange und dem Fenriswolf."

3. b) Wafthrudnir-Lied

Dies wird in diesem Lied bestätigt:

Odin:
" Viel erfuhr ich, viel versucht ich,
Befrug der Wesen viel.
Wer waltet der Asen des Erbes der Götter,
Wenn Surturs Lohe losch?"

Wafthrudnir (Tyr):
" Widar und Wali walten des Heiligtums,
Wenn Surturs Lohe losch.
Modi und Magni sollen Miölnir schwingen
Und zu Ende kämpfen den Krieg."

3. c) Kenningar

Modi ist auch aus einigen Kenningarn bekannt:

Ase	*Modi*		Bragi der Alte	Gespräch mit einer Riesin
Ase	*Modi*		anonym	dritte grammatische Abhandlung
Ase	*Modi*		Olaf der Weiße Skalde Thordar-Sohn	Bruchstücke
Ase	*Modi*		anonym	Placitusdrapa
Ase	*Modi*		Snorri Sturluson	Hattatal
Thor	*Modis Vater*		anonym	Hymir-Lied

Thor	*Vater des Modi*	Snorri Sturluson	Skaldskaparmal
Skalde	*Lied-dichtender Modi*	Bragi Boddason der Alte	(Skaldskaparmal)
Krieger	*Modi*	Snorri Sturluson	Hattatal

4. Zusammenfassung

Der Name des Modi bedeutet „Wut, Mut". Er ist zusammen mit seinem Bruder Magni („Kraft") eine Analogiebildung zu den beiden Pferde-Söhnen des Tyr („Alcis"), die vermutlich um ca. 500 n.Chr. entstanden ist, als Odin und Thor den Tyr als Göttervater abgesetzt haben.

Modi und Magni sind Verkörperungen der beiden wesentlichen Eigenschaften des Donnergottes Thor: Mut und Kraft.

K Fiölnir Freyr-Sohn

I Fiölnir in der germanischen Überlieferung

1. Der Name „Fiölnir"

Der Name „Fiölnir", der auch „Fjölnir" geschrieben wurde, ist eine Substantiv-Bildung zu dem Adverb „fjöl" für „viel". Fjölnir ist also die „Fülle".

2. Die Fiölnir-Mythe

Über den König Fiölnir wird ein sehr merkwürdiger Tod berichtet – er ertrank in einem Met-Faß. Bei einem solch markanten Ereignis lohnt es sich, zu prüfen, ob ihm nicht evtl. ein mythologisches Motiv zugrunde liegt.

2. a) Grotten-Lied

In dieser Mythe ist Fiölnir ein (schwedischer) König.

König Frodi sandte Boten nach Swithiod zu dem König, der Fiölnir hieß, und ließ da zwei Mägde kaufen, die Fenja und Menja hießen und sehr groß und stark waren. In dieser Zeit gab es in Dänemark zwei so große Mühlsteine, daß niemand stark genug war, sie umzudrehen. Diese Mühlsteine hatten die Eigenschaft, daß sie mahlten, was der Müller wollte. Die Mühle hieß Grotti, der Mann aber, der dem König Frodi die Mühle gab, wurde Hengikiöpt genannt.

Die Riesin Fenja ist die Göttin Frigg ihrer Halle Fensalir und die Riesin Menja ist die Göttin Freya mit ihrem Halsreif Brisingamen.

Eine Zaubermühle, die alles mahlt, paßt am ehesten in den Besitz einer Erd- und Muttergöttin, von der alle alle Nahrung zu den Menschen kommt.

Ein König, der zwei solche Mägde besitzt, kann am ehesten der ehemalige Sonnengott-Göttervater Tyr sein.

König Frodi ist die Saga-Variante des Gottes Freyr. Der Verkauf von zwei Göttinnen des Tyr an Freyr sieht sehr nach einer friedlichen Version des Machtübergangs von Tyr an Thor, Odin und Freyr um 500 n.Chr. aus.

Entsprechend ihren verschiedenen Charakteren erschlägt Thor den Tyr-Riesen mit seinem Hammer, Odin besiegt ihn im Rätselwettstreit und Freyr kauft ihm die Göttinnen und die Wohlstands-Mühle ab.

2. b) Heimskringla

In dieser Saga wird über den recht merkwürdigen Tod des Fiölnir berichtet:

Frey übernahm das Königreich nach Njörd und wurde von den Schweden, die ihm Abgaben zahlten, „drot" („König") genannt. Er war wie sein Vater mit Freunden und mit gutem Wetter gesegnet.

Freyr baute einen großen Tempel in Uppsala, errichtete dort seinen Hauptsitz und gab ihnen alle seine Abgaben, seine Länder und seine Güter. Dies war der Beginn des 'Uppsala-Landes', das seither Bestand gehabt hat.

Dann begann in seiner Zeit der Frode-Frieden und damals gab es in allen Ländern gute Ernten, die die Schweden dem Freyr zuschrieben, sodaß er mehr als alle anderen Götter verehrt wurde, da die Leute in seinen Zeit durch den Frieden und die guten Ernten sehr viel reicher wurden.

Seine Frau war Gerda Gymir-Tochter und ihr Sohn wurde Fjölnir genannt.

... ...

Fjölnir, der Sohn des Yngvi-Freyr, herrschte danach (nach dem Tod des Freyr) *über die Schweden und über die 'Uppsala-Lande'. Er war machtvoll und hatte glückliche Ernten und bewahrte den Frieden.*

Friedens-Frodi herrschte damals in Leidre und zwischen ihnen war eine große Freundschaft und sie besuchten sich oft.

Leidre oder Lejre ist die alte Hauptstadt von Dänemark nahe Kopenhagen auf der Insel Seeland.

Einmal, als Fjölnir zu Frode nach Seeland fuhr, wurde für ihn ein großes Fest bereitet und Einladungen dazu wurden in das gesamte Land versendet.

Frode hatte ein Haus, in dem ein großer Kessel stand, der elf Ellen (ca. 3,60m) hoch war und aus großen Holzplanken zusammengesetzt worden war. Dieser Kessel stand in einem abgesenkten Raum. Über ihm war ein Hochboden, in dessen Fußboden eine Öffnung war, durch die man Flüssigkeiten in den Kessel schütten konnte.

Dieser Kessel war voll mit Met, der außergewöhnlich stark war.

Am Abend wurde Fjölnir mit seinen Dienern zum Schlafen auf den angrenzenden Hochboden gebracht. In der Nacht ging er auf die Galerie hinaus, um einen bestimmten Platz („Toilette") zu suchen, während er sehr schläfrig und sehr betrunken war.

Als er zu seinem Raum zurückkehrte, ging er die Galerie entlang und zu der Tür eines anderen Hochbodens, ging hinein, glitt mit seinem Fuß aus und stürzte in den Met-Kessel und ertrank.

Darüber sang Thjodolfr von Hvini (im Ynglingatal)*:*

„Da wurde das Wort
der Schicksals erfüllt,
das zu Fjölnir gekommen war,
dorthin, wo Frodi wohnte,
als die Wind-lose Woge
des Speeres des Stiers
dazu bestimmt war,
den König zu besiegen."

Schicksal = Nornen
Speer des Stiers = Horn; Wind-lose Woge im Trinkhorn = Met, Wein, Bier

Angesichts dieses sehr merkwürdigen Unfalls ist es zumindestens denkbar, daß es sich hier um eine Umdeutung des Ritual-Mets handelt, der bei Bestattungen getrunken wurde. Aber es ist natürlich auch denkbar, daß sich dieser Unfall genauso wie er hier berichtet wird, zugetragen hat.

Da Fiölnir jedoch der Sohn des Asen Freyr und der Asin/Riesin Gerdr sowie der Enkel des Tyr-Riesen Gymir ist, muß man in seiner Lebensgeschichte durchaus mit mythologischen Motiven rechnen. Vielleicht ist dieses Ertrinken im Met auch eine Umdeutung des Versinkens des ehemaligen Sonnengott-Göttervaters Tyr im Meer, der dabei zu dem Meeres-Riesen Gymir wird.

Die Größe dieses Metgefäßes ist wahrscheinlich nicht übertrieben, denn zumindestens aus keltischen Fürstengräbern sind Met-„Krüge" bekannt, die 3m hoch sind und 2m im Durchmesser haben und ca. 20.000l Met fassen (Keltengrab von Mont Lassois). Diese toten Fürsten waren gut mit Met versorgt ...

2. c) Historia norwegiae

Auch in dieser Geschichte Norwegens wird der Tod Fiölnirs kurz erwähnt:

Freyr (Frode) *lud Fjölnir ein, der in einem Metfaß ertrank.*

2. d) Isländer-Buch

In diesem Buch wird kurz angemerkt, daß Fiölnir bei Friedens-Frodi gestorben sei.

2. e) Gesta danorum

In dieser „Geschichte der Dänen" wird Fjölnir „Hundingus" und Frodi „Hadingus" genannt und die Geschichte wird auch in leicht abgewandelter Form erzählt. „Hunding" („Hunde") ist ein Name zu einem Volksstamm erweiterten Loki – ihre Gegenspieler sind die Wülfinge („Wölfe"), die der zu einem Volksstamm erweiterte Tyr sind. Tyr wurde auch „Hadding", also „Langhaariger" genannt.

Auch in der Version in der Gesta danorum besteht also ein Zusammenhang zwischen Fiölnir und den alten Tyr/Loki-Mythen.

Da das Metfaß in dieser Variante den Met für ein Gedenkfest für den vermeintlich toten König Hadding enthält, erhält die Vermutung, daß es sich bei diesem seltsamen Tod um eine Umdeutung der Funktion des Mets bei der Bestattung handelt, bestärkt.

Mittlerweile hatte der Schwedenkönig Hunding die falsche Nachricht erhalten, daß Hadding tot sei, und beschloß ihn mit einem großen Ritual zu ehren. Daher versammelte er seine Edlen und füllte ein Faß von außergewöhnlicher Größe mit Met und stellte dies zu dem Vergnügen der Feiernden in deren Mitte und übernahm selber die Rolle des Mundschenks, um keinen Hinweis auf den Ernst des Festes auszulassen, und hatte keine Hemmungen, selber die Aufgabe des Kelchträgers auszuüben.

Und während er in Erfüllung seiner Pflichten durch den Palast ging, stolperte er und fiel in das Faß und gab, von dem Getränk erstickt, seinen Geist auf – so ging er entweder zur Buße in den Orcus (Hel), *den er durch seine unbegründeten Rituale zu beschwichtigen versuchte, oder zu Hadding, über dessen Tod fälschlicherweise zu ihm gesprochen worden war.*

Als Hadding dies hörte, wollte er sich mit gleichem Dank an seinen Verehrer wenden, und erhängte sich, da es nicht ertragen konnte, seinen Tod zu überleben, vor den Augen der ganzen Leute.

Dieser seltsame, weil unbegründete Tod des zweiten Königs spricht ebenfalls dafür, daß der Ursprung dieser Geschichte in den Mythen liegt – vermutlich in dem endlosen, zyklischen Kampf und abwechselnden Tod des Sommergottes Tyr und des Wintergottes Loki. Durch diesen Kampf wurden die Jahreszeiten verursacht.

2. f) Grimnir-Lied

Im Grimnir-Lied zählt Odin seine Namen auf, zu denen auch „Fiölnir" gehört. Da Odin die meisten der Beinamen seines Vorgängers Tyr übernommen hat, ist dies ein weiterer Hinweis dafür, daß Fiölnir einst ein Name des Tyr gewesen ist.

Ein seltsamer Tod wie der des Fiölnir durch Ertrinken könnte im Zusammenhang mit Odin auch der Einweihungstod sein.

Es wäre auch noch zu berücksichtigen, daß die Kelten, also die Nachbarn und Verwandten der Germanen, die eine sehr ähnliche Religion wie diese hatten, den rituellen Tod als „dreifachen Tod", der aus einem Sturz, dem Hängen an einem Baum und dem Ertrinken besteht – dem Festbinden des Jenseitsreisenden an einem Stamm und dessen Versenken in einem wassergefüllten Schacht, um ein Nahtod-Erlebnis (Jenseitsreise) hervorzurufen. Der Sturz in den Metkessel könnte somit auch die Jenseitsreise symbolisieren.

2. g) Regin-Lied

Auch im Regin-Lied nennt sich Odin einmal Fiölnir:

König Hialprek gab dem Sigurd Schiffsvolk zur Vaterrache. Da traf sie ein gewaltiges Unwetter, so daß sie vor einem Vorgebirge halten mußten.
Ein Mann stand am Berg und sprach:

„Wer reitet dort auf Räwils Hengsten (Schiffe)
Über wilde Wogen und wallendes Meer?
Vom Schweiße schäumen die Segelpferde:
Die Wellenrosse werden den Wind nicht halten. "

Regin (der Zwergenschmied)*:*
„Hier sind wir mit Sigurd auf Seebäumen:
Wir fanden Fahrwind in den Tod zu fahren.
Über die Schiffsschnäbel schlägt uns das Meer:
Die Flutrosse fallen; wer fragt danach? "

Der Mann:
„Hnikar hieß man mich, wenn ich Hugin erfreute,
Junger Wölsung (Sigurd), auf der Walstatt.
Nun magst Du mich nennen den Mann vom Berge,
Feng oder Fiölnir; Fahrt will ich schaffen."

Da legten sie ans Land; der Mann ging aufs Schiff und beschwichtigte das Wetter.

2. h) Gylfis Vision

In dieser Übersicht über die Mythen der Germanen trägt Odin zweimal den Namen „Fiölnir".

2. i)   Der Seherin Ausspruch

Die Textstelle in diesem alten Lied, an der „Fiölnir" genannt wird, ist nicht sicher zu deuten, weil dort möglicherweise die Asen und nicht die Menschen mit „Fiölnirs Sippe" umschrieben werden. Fiölnir könnte hier sowohl Odin als auch Tyr sein, da auch „Fimbul-Tyr" in der Strophe zuvor sowohl Tyr als auch Odin bezeichnet.

Die Asen einen sich auf dem Idafelde,
Über den Weltumspanner zu sprechen, den großen.
Uralter Sprüche sind sie da eingedenk,
Von Fimbultyr gefundner Runen.

Idafeld = „Dorfplatz" in Asgard
Weltumspanner = Jörmungandr
Fimbultyr = „mächtiger Tyr" = Odin, ursprünglich Tyr

Da werden sich wieder die wundersamen
Goldenen Figuren im Grase finden,
Die in Urzeiten die Asen hatten,
Der Fürst der Götter und Fiölnirs Sippe.

Figuren = Setzer im Tafl-Spiel, das ursprünglich als Orakel verwendet wurde
Fürst der Götter = Odin (vor 500 n.Chr.: Tyr)

2. j) Veraldur-Ballade

In diesem Lied, das um 1840 n.Chr., auf den Faröer-Inseln aufgeschrieben wurde, auf denen sich einige Lieder mit gut erhaltenem germanischem Inhalt gefunden haben, ist Veraldur der Sohn des Odin.

„Veraldur" bedeutet „Welt", d.h. wörtlich „Bereich der Menschen". Da Freyr „veraldar god", also „Gott der Welt" genannt wurde, könnte schon vom Namen her ein Zusammenhang zwischen Freyr und Veraldur bestehen.

In der Ballade reist Veraldur auf die dänische Insel Seeland, da er die Tochter des dortigen Königs heiraten will. Veraldurs Vater Odin warnt seinen Sohn vergeblich vor dieser Reise.

Dem König von Seeland mißfällt Veraldur und er läßt ihn durch eine List in ein großes Braufaß in einer „Stein-Halle" fallen, in dem er ertrinkt.

Als Odin die Nachricht über dieses Ereignis hört, beschließt er zu sterben und nach Asgard zu gehen, wo sein Gefolge nach deren Tod ebenfalls willkommen sein wird.

Hier findet sich ein zweiter Freitod eines Königs.

In dieser Ballade finden sich zwei weitere Hinweise darauf, daß das Motiv des „Ertrinkens im Met" aus den Bestattungs-Vorstellungen stammt:

Das Metfaß steht in einer „Halle aus Stein", d.h. in einem Hügelgrab, da die Grabkammern in diesen Hügeln die einzigen Steinhäuser gewesen sind, die die Germanen erbaut haben.

Odin geht nach Walhalla.

2. k) Byggvir

In der Lokasenna werden der Freyr-Diener Byggvir und seine Frau Beyla, die ebenfalls Freyr dient, als Diener des Festes genannt. Der Name des Byggvir bedeutet „Gerste" und der seiner Frau eventuell „Biene" – beides wird benötigt, um Bier bzw. Met zu brauen.

Loki ermordet auf demselben Fest den Ägir-Diener Fimafeng („Fünffinger"), der vermutlich eine späte Variante des Tyr ist.

Möglicherweise ist hier das Fiölnir-Motiv schon in zwei Motive auseinandergefallen.

2. l) Beowa

Beowa (Beaw, Beow, Beo, Bedwig) ist eine angelsächsische Mythen-Gestalt, deren Name „Biene" bedeutet. Er ist der Sohn des Skyld („Schild"), der Enkel des Sceafa („Korn-Garbe") und daher auch einer der Vorfahren von König Alfred dem Großen.

Skyld ist in den altnordischen Mythen wie Veraldur der Sohn des Odin.

Die beiden Namensbedeutungen „Biene" und „Korngarbe" weisen wieder auf die Herstellung von Bier und Met hin.

Möglicherweise besteht ein Zusammenhang zu Beyla.

2. m) Waraldan Olmay

Die Mythen der Lappen (Finnen) haben sich des öfteren mit den Mythen ihrer germanischen Nachbarn vermischt. So findet sich bei ihnen der Korngott Waraldan Olmay, der offensichtlich mit Veraldur verwandt ist.

Es fällt auf, daß auch die magische Mühle aus dem Grotten-Lied wahrscheinlich von den Finnen stammt – und daß auch in diesem Lied Frodi und Fiölnir auftreten. Und man braucht eine Mühle, um die Gerste zu mahlen, aus der man dann Bier braut …

Bier ist zwar nicht der Göttermet, aber auch Kwasirs Name bedeutet „Brottrunk, Gerstentrunk". Zudem töten die beiden Zwerge, nachdem sie bereits Kwasir und Gilling getötet haben, auch noch Gillings Frau – indem sie ihr einen Mühlstein auf den Kopf fallen ließen …

3. Zusammenfassung

Der Name „Fiölnir" bedeutet „Fülle". Er ist ein Sohn des Freyr und der Gerdr und in einem späten Lied auch der Sohn des Odin. Fiölnir ist wie Skyld und andere Göttervater-Söhne der Begründer eines skandinavischen Königshauses – Fiölnir ist der Urahn der Ynglinge. Auch Odin selber wird sechsmal „Fiölnir" genannt.

Das markanteste an Fiölnirs Biographie ist sein Tod durch Ertrinken in dem riesigen Metfaß des mit ihm befreundeten Königs Frodi (ein Beiname des Freyr), über das in mehreren Quellen berichtet wird. Dieser Tod und sein Name, der manchmal auch als „Vielwissender" gedeutet wird, verbinden ihn mit dem von den Asen gemeinschaftlich erschaffenen Kwasir, der die Weisheit aller Asen in sich trägt und der von zwei Zwergen ermordet worden ist.

Fiölnir entspricht offenbar auch dem Odin-Sohn Veraldur („Welt"), der nach Seeland (Jenseitsinsel?) reist, um die dortige Königstochter zu heiraten, aber von deren Vater durch eine List dazu gebracht wird, in ein Metfaß in einer „Halle aus Stein", d.h. in der Grabkammer in einem Hügelgrab zu fallen und dort zu ertrinken. Die Königstochter scheint demnach die Wiederzeugungs-Geliebte im Hügelgrab zu sein, mit der sich der Tote im Jenseits vereint, um dann von ihr wiedergeboren zu werden. Nach Fiölnirs Tod tötet sich Odin und lädt sein Gefolge ein, nach dem Tod zu ihm nach Asgard zu kommen. Veraldurs Name ist ein Teil des Freyr-Titels „veraldur god" („Gott der Welt").

Veraldur erscheint bei den Finnen als der Korngott Waraldan Olmay.

Der Freitod des zweiten Königs wird auch in der Gesta danorum berichtet, in der der König Hunding während des Totenfestes für den vermeintlich verstorbenen König Hadding im Metfaß ertrinkt, woraufhin sich Hadding dann öffentlich erhängt. Dies klingt nach dem rituellen Einweihungstod, bei dem Odin bzw. die Einzuweihenden an einem Baum hängen.

Einen ähnlich merkwürdig grundlosen Tod erleidet auch Ägirs Diener Fimafeng. Sein Name bedeutet „Gerste". Dies weist wieder auf das Bier hin, das anschließend bei der Feier der Asen getrunken wurde.

Der Name „Beyla" der Frau des Freyr-Dieners Byggvir („Gerstenmann") könnte „Biene" bedeuten und wäre dann ein Hinweis auf den Met, der aus Honig gebraut wird. Das Brauen von Met und Bier scheint eng mit Freyr verbunden gewesen zu sein.

Auch in der Kwasir-Mythe wird der Tyr-Riese Gilling ohne ersichtlichen Grund von zwei Zwergen erschlagen – und aus seinem Blut und Honig (siehe „Beyla") der Skaldenmet gebraut.

In den angelsächsichen Annalen erscheint ein Beowa („Biene"), der ein Sohn des Skyld („Schild"; ein Odin-Sohn) und ein Enkel des Sceafa („Korn-Garbe") ist. Hier finden sich in den Namen wieder die Hinweise auf das Brauen von Bier und Met sowie das Vater-Sohn-Verhältnis zu dem Göttervater (Skyld Odin-Sohn).

In dem Grotten-Lied kauft Frodi bei Fiölnir die beiden Riesen-Mägde Fenja (Frigg) und Menja (Freya), die so stark sind, daß sie die Riesenmühle des Frodi drehen könne, auf der sie Mehl (vermutlich Gerste) mahlen – bis zu Frodis Tod. Diese Mühle hängt sicherlich mit dem finnischen Sampo zusammen, auf dem man Mehl, Salz und Gold mahlen kann – auch Frodis Mühle ist eine Zaubermühle, auf der man alles Gewünschte mahlen kann.

Anscheinend bestand bei diesem Thema ein Zusammenhang zwischen den germanischen und den finnischen Mythen, wie Veraldur und die magische Mühle (finnisch: Sampo) zeigen.

Die Mühle taucht auch in der Kwasir-Mythe auf, in der die beiden Zwerge die Frau des Tyr-Riesen Gilling mit einem Mühlstein erschlagen.

189

Schließlich hat sich der Tod des Gersten-Mannes noch in dem Lied über John Barleycorn erhalten: Aus Johns Leiche, also aus der gemahlen Gerste wird das Bier gebraut, daß sich dann in dem großen Faß befindet – in dem der Gersten-Mann gewissermaßen ertrunken ist.

Wenn man diese vielfältige Überlieferung zusammenfaßt, erhält man folgende Elemente, die die Mythe des Fiölnir bilden:

- Odin wird Fiölnir genannt.
- Fiölnir ist der Sohn des Odin.
- Er ist der Sohn des Freyr und der Gerdr.
- Fiölnir heißt auch Veraldur. Veraldurs Name ist ein Teil des Freyr-Titels „veraldur god" („Gott der Welt").
- Waraldan Olmay ist der Name des finnischen Korngottes.
- Freyrs hat einen Diener mit dem Namen Byggvir („Gerste") und eine Dienerin mit dem Namen „Beyla" („Biene"), die Byggvirs Frau ist.
- Beowa („Biene") ist der Sohn des Skyld Odin-Sohn und der Enkel des Sceafa („Korn-Garbe").
- Die Gerste wird in späteren und noch in heutigen Liedern „John Barleycorn", also „Johannes Gerste" genannt – und auch er wird getötet, gemahlen und in einem Faß „ertränkt".
- Fiölnir ist der Ahnherr der Ynglinge-Könige.
- Fiölnir/Kwasir weiß viel.
- Fiölnir ertrinkt in einem Metfaß, daß seinem Freund König Frodi gehört – „Frodi" ist die Sagen-Variante des Freyr.
- Fiölnir reist als Veraldur auf die Insel Seeland und ertrinkt dort bei seiner Brautwerbung in einem Metfaß, das in einer „Halle aus Stein" steht. Diese Halle ist die Grabkammer im Hügelgrab auf der Jenseitsinsel (Seeland). Die Königstochter ist die Jenseitsgöttin als die Wiederzeugungs-Geliebte im Hügelgrab.
- Odin, der Vater des Fiölnir-Varaldur, tötet sich selber nach dem Tod seines Sohnes und lädt sein Gefolge nach Asgard ein.
- König Hunding (Loki) ertrinkt in einem Metfaß bei der Totenfeier für den vermeintlich toten Hadding (Tyr). Hadding erhängt sich öffentlich, als er vom Tod des Hunding erfährt. Dies klingt nach dem Einweihungstod des Odin.
- Der Tyr-Riese Gilling wird grundlos von zwei Zwergen im Zusammenhang mit dem Metbrauen getötet.
- Frodi kauft Fenja (Frigg) und Menja (Freya) bei Fiölnir. Diese Mahlen auf der Zaubermühle, die dem finnischen Sampo entspricht, endet mit dem Tod des Frodi (= Freyr).
- Die beiden Zwerge töten die Frau des Tyr-Riesen Gilling mit einem Mühlstein.

- Das Ertrinken im Metfaß könnte dem Versinken der abendlichen Sonne im Meer entsprechen aber auch Odins Hängen am Weltenbaum.

Diese Elemente lassen sich nun zu einer Folge von Ereignisse zusammenfassen:

- Als erstes Element kann man noch das Ernten mit der Sense durch Odin auf seiner Reise zu Gunnlöd hinzunehmen.
- Der Gersten-Mann reist zu der Königstochter in der Grabkammer in dem Hügelgrab auf der Jenseitsinsel. Das Metfaß steht in der Grabkammer (bei der Königstochter auf Seeland; bei Menglöd im Hügelgrab). Der Gerstenmann Fiölnir ist auch Odin selber, der ins Jenseits zu Gunnlöd reist und dort ihren Skaldenmet erlangt.
- Die Gerste wird auf einer Zaubermühle gemahlen, die alle Dinge mahlen kann (Mehl, Salz, Gold u.a.).
- Der Gersten-Mann (Fiölnir, Veraldur, Kwasir, Byggvir, Sceafa, Waraldan Olmay) wird getötet. Der Tod ist selbstverschuldet bzw. wird durch den Vater der Königstochter oder Loki verursacht. Odin/Freyr (Freyr = Frodi) stirbt bei dem Trinken des Gersten-Tranks (Einweihung, Bestattung). Der Tyr-Riese Gilling wird grundlos von zwei Zwergen im Zusammenhang mit dem Metbrauen getötet. Zu diesen Gersten-Männern zählen vermutlich auch die neun Knechte, die Odin auf seiner Reise zu Gunnlöd durch eine List tötet.
- Daneben gibt es noch den Bienen-Mann (Beowa Skyld-Sohn, Odin-Enkel) bzw. die Bienen-Frau (Beyla) die mit dem Honig für das Met-Brauen assoziiert werden.
- Der Gersten-Trank ist identisch mit dem Gersten-Mann und er ist zugleich auch der Sohn des Gersten-Mannes. Der Gerstentrank Fiölnir ist Odin/Freyr und er ist der Sohn des Odin/Freyr. Der Gerstentrank ist die Weisheit (Fiölnir, Kwasir).

Diese Folge ergibt nun eine Geschichte:

Odin erntet das Heu (eigentlich wohl die Gerste) auf seiner Reise zu Gunnlöd.
Der Gersten-Mann, der mit dem Göttervater (Odin, Freyr, Tyr) identisch ist, reist zu der Jenseitsgöttin (Gunnlöd, Königstochter) in die Grabkammer in dem Hügelgrab auf der Jenseitsinsel.
In dieser Grotte wird das Gerstenmehl von der Jenseitsgöttin (Frigg, Freya) gemahlen, d.h. der Göttervater stirbt als Gerste. Aus der Gerste wird das Bier für das Bestattungs-Ritual gebraut. In diesem Trank liegt die Weisheit des Göttervaters, da der Trank aus ihm als der Gerste gebraut wird (Fiölnir, Kwasir). Da aus dem „Mehl des Göttervaters" ein magischer Trank entsteht, ist auch die Mühle, auf der dieses Mehl gemahlen wird, eine magische Mühle, die alle Dinge mahlen kann – vor allem die Weisheit des Göttervaters.
Der Trank, der aus Gerste bzw. aus Honig gebraut wird, ist zum einen der

Göttervater selber, aber er ist als „Gabe des Göttervaters" auch der Sohn des Göttervaters. Diese Verdopplung des Trankes als Vater und Sohn ist ein deutlicher Hinweis auf die Wiedergeburt, da aufgrund der Wiederzeugungs-Symbolik der Wiedergeborene zugleich er selber, aber auch sein eigener Sohn ist (wodurch er selber zum Vater wird).

Der Tod des Freyr/Frodi/Odin/Tyr-Gilling ist der sterbende Gott bzw. der Einzuweihende (Vater); der Tod des Fiölnir/Varaldur/Byggvir ist der Tod der Gerste beim Brauen des Ritual-Biers (Sohn). Beide Tode sind letztlich identisch, da sie zwei Aspekte des Göttervaters sind: der Tod des Gottes und der Tod des Getreides.

Fiölnir, der auch Veraldur genannt wird, ist der Göttervater (Tyr, Odin, Freyr) selber bzw. die Gerste. Dieser Gersten-Mann (Fiölnir, Veraldur, Kwasir, Byggvir, Sceafa, Waraldan Olmay) wird getötet – die Gerste wird von Odin mit der Sense geerntet. Nun gelangt der tote Gott in die Grabkammer in dem Hügelgrab auf der Jenseitsinsel zu der Jenseitsgöttin (Gunnlöd, Freya).

Anschließend wird dort in der Grabkammer-Grotte die Gerste von der Jenseitsgöttin (Frigg, Freya) auf der „magischen Mühle" gemahlen und dann mit Wasser gemischt, damit Bier entstehen kann – der Göttervater wird im Metfaß ertränkt.

Dann trinkt der Göttervater diesen Trank (bei Gunnlöd).

In diesem Trank liegt die ganze Weisheit des Göttervaters, da er mit der Gerste identisch ist, aus der dieser Trank gebraut wurde. Daher ist der Skaldenmet des Göttervaters Odin die Inspiration für die Dichter – Odin ist selber in diesem Met enthalten. Die Weisheit in diesem Trank wird durch Kwasir und durch den Odin-Namen Fiölnir („Fülle" oder „Viel-Wissender") veranschaulicht.

L Der Sohn des Freyr

I Der Sohn des Freyr in der germanischen Überlieferung

Der Name dieses Göttersohnes ist unbekannt. Möglicherweise ist er mit Fiölnir identisch – aber das ist recht unsicher.

1. Die Mythe über den Sohn des Freyr und der Freya

1. a) Lokasenna

Dieser Sohn wird lediglich in der Lokasenna erwähnt:

Loki:
„Laß endlich, Niörd, den Übermut,
Ich verhele es länger:
Mit der eignen Schwester erzeugtest Du den Sohn,
Der eben so arg ist wie Du."

Vermutlich ist dieser Sohn einfach ein Teil des sich zyklisch wiederzeugenden Wanen-Paares:

Die Familie der Wanen		
Njörd	+	seine Schwester Nerthus
erzeugen:		
Freyr	+	seine Schwester Freya
erzeugen:		
Sohn (Fiölnir?)	+	(wahrscheinlich auch eine Schwester)

Der Ursprung dieser Mythe ist die Wiedergeburt des Göttervaters, die mit der Wiedergeburt der Sonne assoziiert wurde. Da die Göttin als Wiederzeugungs-Geliebte auch die Frau des Gottes war, lag es nahe, die Wiedergeburts-Symbolik auf sie auszuweiten.

Die Göttin war somit als die Wiedergeburts-Mutter des Gottes auch ihre eigene Mutter – sie gebar die nächste Generation von Gott und Göttin. Da nun Gott und Göttin denselben Vater und dieselbe Mutter hatten, wurden sie zu Geschwistern, die sich immer wieder aufs neue selber zeugten und gebaren.

Als Generationenfolge ergab sich somit das Motiv des permanenten Inszestes (siehe „Inzest" in Band 51).

2. Zusammenfassung

Der namentlich nicht genannte Sohn des Freyr und der Freya ist der wiedergeborene Freyr, der wiederum der wiedergeborene Njörd ist. Er ist möglicherweise mit Fiölnir identisch.

Es ist anzunehmen, daß Freyr und Freya auch eine Tochter hatten, die entsprechend die wiedergeborene Freya ist, die wiederum die wiedergeborene Nerthus ist.

Verzeichnis der Themen

(die Zahl ist die Nummer des Bandes, in dem sich das Thema findet)

Eugel 7
Eule 40
Eyrgjafa 35
Faden 55
Fafnir (Zwerg) 32
Fährmann 49
Fala 35
Falkenkleid:
- der Freya 40
- der Frigg 40
Falke 40
Fallar 32
Farbauti 6
Farn 45
Farseti 6
Faulheit =>
Feuersitzen 55
Feima 35
Fenchel 45
Fenja 28
Fenrir 6
Fenrir 43
Fernhypnose 64
Ferse 63
Fessel 66
Fessel-Zauber 64
Feuer 55
Feuersitzen 55
Feuerzauber 64
Fialar 32
Fid 32
Fieberkraut 45
Fili 32
Fimafeng 39
Fimbulwinter 55
Finger 63
Finnalf 5
Finnar 32
Finnmark-Riese 34
Fiölkald 34
Fiölmor 39
Fiölnir 20

Fiölvör 35
Fiörgyn 20
Fiörgyn 23
Fisch 44
Fjölverkr 34
Fjötra 29
Flachs 45
Flegda 35
Fleur-de-lys 55
Fleggr 34
Fliege 40
Fluch 68
Flügel des Wieland 40
Flügelschuhe 67
Flugschuhe des Loki 40
Fluß 49
Freya 22
frühe Skaldenlieder 78
Freyr 15
Fried 29
Friedenszauber 6
Fridr 29
Frigg 21
Folde 20
Fonn 34
Forat 35
Forelle 44
Fornjotr 6
Forseti 19
Frägr 32
Franmar 37
Frar 32
Freki 43
Frosti 32
Frosti 34
Fruchtbarkeit 64
Fuchs 43
Frauenhaarfarn 45
Frühling 54

Frühlingstagund-
nachtgleiche 54
Fulla 29
Fullas Haarreif 60
Fullafle 34
Fundin 32
Fuß 63
Fylgia 50
Fynir 6
Fynir 34
Galar 32
Galarr 34
Galdr 64
Gallapfel 45
Gandalf 32
Ganglati 34
Ganglot 6
Gangr 34
Gangr 33
Gans 40
Gänsefuß 45
Garm 43
Gautan 39
Gautrek-Saga =>
Snotra
Geban 20
Geburts-Orakel 64
Gefäße 57
Gefion 20
Gefion-Geliebter 6
Gefiun 20
Gefjon 20
Geist 50
Geier 40
Geirahöd 31
Geiravör 31
Geirdriful 31
Geirönul 31
Geirröd 5
Geirrota 31
Geirskögul 31
Geitir 6

Geitla 35
Geitir 35
gelb 46
Geliebter der Gefion 6
Gerber-Schaber 67
Gerdr 28
Geri 43
Gespenst 50
Gestaltwandel =>
Verwandlung
Gesang 68
Gestilja 35
Getreide 45
Gewöhnlicher
Flachbärlapp 45
Geysa 35
Gialar 32
Gift 70
Gifur 43
Gigas 6
Gilling 6
Gillings Frau 28
Ginnar 32
Ginnungagap 49
Gjalp 35
Glamr 34
Glatundshundr 43
Glaumar 34
Glaumarr 34
Glaumr 6
Glenr 48
Glitni 5
Glöd 35
Gloi 32
Glück 64
Glückstrank 70
Glumra 35
Glymra 35
Gna 29
Gneip 35
Gnepja 35

Hjortrimul 31
Hjötra 28
Hjuki 29
Hläwang 32
Hlebard 6
Hleidr 35
Hler 10
Hlidolf 32
Hlif 29
Hlifthursa 29
Hlin 29
Hlodyn 20
Hlödyn 20
Hloi 34
Hlöll 31
Hlora 35
Hnoss 29
Hochsitz 57
Hochsitzsäulen 57
Hoddraupnir 5
Hoddrofnir 5
Hödur 19
Hofund 19
Höggstari 32
Högni 16
Högni 39
höhere Mächte 36
Holmgang =>
Zweikampf 55
Holunder 45
Homöopathie 64
Honig 40
Honigtau 45
Hönir 18
Horn 57
Horn (Riesin) 35
Hörn 29
Hörn 35
Horn-Neb 35
Hornbori 32
Hraesvelgr 6
Hrafnhild 35

Hraudnir 6
Hraudungr 5
Hrede 29
Hreidmar 7
Hremsa 35
Hrimgerdr 28
Hrimgerdr 35
Hrimgrimnir 34
Hrimnir 34
Hrim-Riesen 34
Hrimthurs 34
Hringi 5
Hringvölnir 5
Hripstodr 34
Hrist 31
Hrist 29
Hrisungr 6
Hroarr 5
Hrod 35
Hrodwitnir 5
Hrodwitnir 43
Hrökkvir 6
Hrönn 35
Hrossthjofr 34
Hrotti 5
Hruga 28
Hrungnir 5
Hrungnir-Herz 67
Hryggda 35
Hyria 35
Hrym 34
Hrund 31
Hügelgrab 49
Hugin 40
Huhn 40
Huldar 28
Hund 43
Hundalfr 6
Hunding 16
Hvalr 6
Hvedra 35
Hvedrungr 16

Hymir 6
Hymnen an die Götter
80
Hyndla 26
Hypnose 64
Hyrrokkin 26
Idi 34
Idun 25
Igel 44
Illugi Grid-Ziehsohn
79
Ilmr 29
Ima 35
Imd 35
Imgerdr 35
Imr 6
Imsigul 34
Imth 35
In 20
Ingibjörg 29
Ingibiörg 31
Intuition 64
Inzest 51
Irmin 20
Irpa 29
Istwas 20
Itrek 5
Itreksjod 5
Itreksjod 20
Ividja 35
Iwaldi 5
Iwalt 5
Iwiedie 29
Jari 32
Jamtaland-Zwerg 7
Jarngerdr 28
Jarnglumra 35
Jarnhauss 6
Jarnnef 34
Jarnsaxa 28
Jarnvidja 35
Jenseits 49

Jenseitsbarke 49
Jenseitsberge 49
Jenseitsbrücke 49
Jenseitsfährmann 49
Jenseitsfluß 49
Jenseitsgrenzen-
Landkarte 49
Jenseitshalle 49
Jenseitsinsel 49
Jenseitsleiter 49
Jenseitsmauer 49
Jenseitsreise 49
Jenseitstor 49
Jenseitstor-Gitter 49
Jenseitstor-Hund 49
Jenseitswächter 49
Jenseitswald 49
Jenseitswasser =>
Wasser 49
Jenseitsweg 49
Johanniskraut 45
Jokul 34
Jokul Eisenrücken 34
Jörd 23
Jomali 20
Jörmungandr 41
Jörmunrek 39
Jorunn 29
Jötunn 6
Jotunbjorn 6
Julnacht 54
Käfer 40
Kaldgrani 34
Kamille 45
Kampfmagie 64
Kannibalismus 55
Kara 31
Karabin 34
Kari 6
Katze 43
Kausalität 55
Keila 34

Keiler 42
Kenningar 75
Kerbel 45
Kessel 57
Keule 66
Kiebitz 40
Kili 32
Kisi 34
Kiste 57
Kjallandi 6
Kjallandi 35
Klaufi 34
Klee 45
Kleima 35
Knochen 67
Knoten 64
Kobolde 36
Kol der Bucklige 39
Kolfrosta 28
Kolga 35
Kopf 63
Kormoran 40
Korn 45
Körperteile 65
Köttr 34
Kraftgütel => Gürtel
Krähe 40
Kraka 31
Kranich 40
Kräuter 45
Kreppvör 35
Kriegerin 62
Kreuzblume 45
Kreuzkraut 45
Krönung 64
Kröte 44
Kuckuck 40
Kuril 6
Kult 55
Kundalini 64
Kwasir 20
Kyrmir 6

Lachanfall 64
Lachen 55
Lachs 44
Landgeister 36
Lauch 45
Laufey 26
Laurin 7
Laus 40
Leber 63
Leib 63
Leidi 34
Leifi 6
Leifnir 6
Leikn 35
Leimrute 66
Leiter 49
Leirvör 35
Leopard 43
Lerche 40
Lidskialf 20
Liebestrank 70
Liebeszauber 64
Lif 39
Lifthrasir 39
Litr 6
Litr 32
Ljod 29
Ljota 35
Lodin 6
Lodinfingra 35
Lodur 16
Lofar 7
Lofn 29
Lofnheid 35
Logi 34
Loki 16
Loni 32
Lopthoena 28
Lori 35
Loricus 6
Löwe 43
Löwenmäulchen 45

Luchs 43
Lutr 34
Lyngheid 35
Magni 19
Malseron 34
Mana 35
Managarm 43
Mannus 20
Mardalla 27
Marder 43
Margerdr 35
Margerthur 35
Mangold 45
Mantel 67
Mantel der Nanna 67
Marnar 29
Märzviole 45
Maske => Helm
Maus 44
Meer 49
Meer der Zeit 55
Meer-Menschen 36
Mehlbeere 45
Mehltau 45
Meili 9
Meise 40
Menglöd 22
Menja 28
Menschenopfer 64
Messer 66
Midgard 52
Midgardschlange 41
Midi 6
Midjungr 34
Midwitnir 6
Mimir 6
Mist 31
Mistel 45
Mistkäfer 40
Mittelpfeiler =>
Yggdrasil
Mittsommer 54

Miötwitnir 32
Mjoll 34
Modgudr 29
Modgudr 31
Modi 19
Modrädnir 32
Modsognir 7
Mögthrasir 6
Moin 32
Mökkurkjalfi 6
Molda 35
Mona 20
Mond 48
Mondul 32
Moosfrau von
Saalfeld 32
Moosleute von
Arntschgereute 32
Mörn 35
Möwe 40
Mühle 66
Mundilfari 6
Munin 40
Munnharpa 35
Münze 67
Muspel 6
Muspelheim =>
Feuer 52
Myrkrida 35
Myrkvid 49
Nabbi 32
Nacktheit 60
Nadel 55
Nägel 55
Naglfar 49
Nain 32
Nali 32
Namensgebung 64
Nanna 21
Nauma (Hel) 35
Nar 32
Narfi 6

Nari Loki-Sohn 19
Nati 6
Naudir 36
Nebel 64
Nefia 35
Nehalennia 29
Neri 30
Neris Schwester 30
Nerthus 28
Nepr 20
Nessel 45
Netz 67
Neuentstehung aus den Knochen 55
neun Heimdall-Mütter 35
neun Schwestern 35
Niblung 7
Niblung 39
Nicor 34
Nid 64
Nidi 32
Nidr 28
Nidud 16
Nieswurz 45
Niflheim => Eis 52
Niping 32
Nirdir 10
Niola 48
Njola 48
Njörd 10
Njörun 29
Nölvi 10
Norden 54
Nordosten 54
Nordri 32
Nordwesten 54
Nori 32
Nornen 30
Norr 34
Norr 48
Nott 48

Nyi 32
Nyr 32
Nyrad 32
Oddrun 31
Odin 13/14
Odr 20
Ofoti 5
Öflugbarda 35
Öflugbardi 6
Ogautan 39
Ogladnir 6
Ogn 35
Ohr 63
Oin 7
Olius 32
Ölwaldi 5
Omen 71
Onarr 48
Öndudr 6
Onn 32
Opfer 64
Orakel 71
Oregano 45
Ori 32
Örnir 6
Ortnit 34
Ösgrui 5
Öskrudr 34
Ostara 29
Osten 54
Otr 32
Otter 44
Otunfaxe 39
Penis 55
Perchta 28
persönliches Glück 64
Pfeil 66
Pferd 42
Pferdezwillinge 12
Pflug 67
Phol 9
Polygamie 55

Priester 60
Priesterin 58
Prolog (Edda) 77
Prophezeiung 71
Pukis 36
Rabe 40
Rad 67
Radgrid 31
Radvör 35
Ragnar Lodenhose 39
Ragnarök 55
Ran 27
Randalin 31
Randgnid 31
Randgrid 31
Rangbeinn 5
Rasereitrank 70
Raswid 32
Rätsel 76
Raud 34
Raugnir 34
Raum 6
Reck 32
Regenbogenbrücke 49
Regin 7
Reginleif 31
Reiher 40
Rentier 42
Riesen auf der West-Insel 6
Riesen-Baumeister 6
Riesen von Feldkirchen 34
Riesen von Lichtenberg 35
Rifingalfa 35
Rifingöflu 35
Rigingöflu 35
Rind 42
Rindr 20
Ring 57

Ringkampf 55
Rist 31
Robbe 44
Rögnir 7
Rose 45
Röskva 37
rot 46
rota 31
Rotkehlchen 40
Rücken 63
Rud 35
Rudent 6
Rudi 34
Runa 35
Runen 72
Runenkästchen von Auzon => Kiste
Runenstein 64
Runenstein von Ardre 64
Rußland-Riese 6
Rütze 35
Rygi 35
Saemdill 6
Saga 28
Sährimnir 42
Säkarsmuli 6
Salbei 45
Salfangr 6
Sam 34
Sämingr 39
Sanngrid 31
Sati 51
Säule => Weltenbaum 52
Saxnot 20
Sceaf 20
Schachtelhalm 45
Schädelschale 63
Schadenszauber 64
Schaf 42
Schafgarbe 45

Schaumkraut 45
Schierling 45
Schild 66
Schlafdorn 55
Schlangen 41
Schlangenauge 63
Schlangengrube 49
Schlangenzunge 63
Schleifstein =>
Wetzstein
Schmetterling 40
Schmied 4
Schmied 55
Schnecke 44
Schneeweiß-
Goldschöne 28
Schuh 63
Schutzgeist =>
Fylgja/Hamingja
Schutzzauber 64
Schwalbe 40
Schwan 40
Schwanenkleider der
Walküren 40
Schweden-Riese 6
Schwein 42
Schwert 66
Schwitzhütte 64
sechsköpfiger Riese 6
Seehund 44
Seekuh 44
Seelenvogel 40
Seelenvogel 50
Segen 68
Seher 60
Seherin 58
Seidelbast 45
Seidr 64
Sel 6
seltsamer dritter
Bruder 55
Sense 67

Siar 32
Sichel => Sense
sieben Schwestern 28
Siegfried 38
Sieglind 31
Siegstein 67
Sif 24
Sigdrifa 31
Sigurd 38
Sigi 39
Sigrlami 39
Sigrun 31
Sigyn 28
silbern 46
Simul 31
Sinmara 28
Sindri 32
Sinthgunt 29
Sivör 35
Sjuld 31
Skadi 20
Skafid 32
Skalden 61
Skaldatal 77
Skaldenlieder 78
Skaldinnen 61
Skalli 34
Skalmöld 31
Skadskaparmal 77
Skärir 5
Skeggiöld 31
Skidbladnir 49
Skimsli 5
Skirnir 37
Skirkjar 35
Skirwir 32
Skjalf 29
Skjalv 34
Skjellinefja 29
Skjöldr 39
Skögul 31
Sköll 43

Skorpion 40
Skrati 34
Skrymir 5
Skrimnir 5
Skuld 30
Slagfid 39
Sleggja 35
Snae 34
Snotra 29
Solbiart 5
Sohn der Freya 19
Sohn des Freyr 19
Solblindi 5
Sölfn 29
Sommer 54
Somr 5
Sonne 48
Sonnengöttin 48
Sonnenhymne 64
sonstige Magie 64
Sörli 39
Spatz 40
Specht 40
Speer 66
Sperber 40
sprechende Tiere 41
Sprichworte 74
Spindel 55
Spinnerin 55
Spiritus familiaris 36
Sprettingr 5
Stab 67
Starkad 6
Starkad 39
Stärketrank 70
Statue 57
Stein 64
Steine und Edelsteine
64
Steinigung 55
Stern 48
Sternbild 48

Sternbild 55
Stigandi 5
Storch 40
Storkvid 34
Stoverkr 34
Strahlen-Breitsame
45
Strudel 49
Struthan 34
Stumi 5
stumm 63
Süden 54
Südosten 54
Sudri 32
Südwesten 54
Surtur 6
Suttung 6
Svada 5
Svadi 5
Svaf 7
Svarangr 5
Svasudr 6
Svatr 6
Sveid 31
Sveipinfalda 35
Svidi 6
Svip 5
Svipul 31
Svivör 31
Swaf 20
Swanhild 31
Swanwit 31
Swawa 31
Swior 32
Swipdag 20
Syn 29
Syr 29
Tafl 57
Tal 52
Tamfana 29
Tarn-Kappe 67
Tarn-Umhang 67